절대로 헤어지지 않는
연인들의 비밀
-Lovers who never break up-

김사라 지음

KB141620

절대로 헤어지지 않는
연인들의 비밀

초판 1쇄 발행   2024년 4월 25일

지은이 | 김사라
만든이 | 이한나
펴낸이 | 이영규
펴낸곳 | 도서출판 그린아이

등록 연월일 | 2003. 12. 02.
등록 번호 | 제2-3893호
주소 | 서울특별시 은평구 녹번로 6-11, 201호
전화 | 02)355-3035 팩스 | 031)965-4679
대표 손전화 | 010-8931-7556
이메일 | gmh2269@hanmail.net

ISBN 979-11-91376-30-2(03190)

성공적인 연애와 결혼을 위한 단 한 권의 지♥침♥서!

Lovers who never break up

절대로
헤어지지
않는
연인
들의
비밀

김사라 지음

그린아이

도전하지 않으면 아무것도 이룰 수 없다

도전하지 않으면 아무것도 이룰 수 없는 것이 인생인 듯합니다.
삶은 모험과 같이 때론 설레임으로, 때론 두려움으로 다가옵니다.

만남 또한 마찬가지라고 생각합니다.
행복한 동행이라고 믿고 우리는 발을 내디디지만 달콤한 행복의
시간은 순식간에 지나가고, 기대와는 다르게 실망하고 좌절하며 슬
픔과 고통 속에 절규하는 시간도 맛보게 됩니다.

'좌절하며 만남을 끝낼 것인가? 계속 동행할 것인가?'의 기로에서
우리는 선택해야 하는 순간이 있습니다.
누구에게나 힘든 시간이지요.

관계 속에서 힘들어질 때 하는 질문은,
"이 사람이 내 인생에서 정말 소중한가?"입니다.
또 하나의 질문은,
"상대도 나를 소중하게 생각하고 있는가?"입니다.
이 두 질문의 답이 모두 yes가 될 때 동행은 가능합니다.
내가 소중하다고 느낀다면 소중한 것을 지켜야겠지요.

인간의 삶 속에서 가정만큼 소중한 가치를 지닌 것이 있을까요?

가정은 행복의 원천이며, 생명탄생의 거룩한 처소이기도 합니다.

명절 때 수많은 인파들이 고향을 찾아 떠나는 모습을 보며 저는 가정의 소중함을 가슴 깊이 깨달은 적이 있습니다.

먼길, 막히는 차들, 피곤함도 불사하고 사랑하는 이를 위한 선물 꾸러미를 싣고, 그리운 얼굴 한번 보고자 달려가는 마음은 분명 사랑이라고밖엔 설명할 수 없습니다.

가정이 나에게 그만큼 소중하기 때문에 사랑하는 것입니다.

인간에게 가장 소중한 삶의 보금자리가 되는 가정을 아름답게 가꾸려면 사랑의 기술, 소통의 기술이 필요합니다.

정원을 아름답게 가꾸는 정원사와 같이 가정을 아름답게 가꿀 수 있는 기술을 익히면 우리의 만남도 평생 애틋한 사랑으로 꽃피울 수 있다는 것을 저는 50이 넘어서야 알게 되었습니다.

이 글을 통해 독자 여러분을 만나게 된 것을 마음 깊이 감사드립니다.

2024년 3월 9일

인천 자택에서 김사라 씁니다.

　제가 결혼한 지 어느덧 33년이 지나왔습니다. 슬하에 3형제를 두었는데 그 아들이 이제 결혼 적령기가 되었습니다.

　결혼이란, 천년 바닷길을 신랑은 키를 잡고 신부는 노를 저어가며 사랑과 행복의 파랑새를 찾아나서는 긴 항해라고 합니다.

　하지만 결혼생활을 하다 보면 부부간에도 항상 좋은 일만 있는 것은 아닙니다. 하루가 맑으면 하루는 흐리고, 비도 내리고 눈도 내리고 때로는 바람도 부는 것처럼 우리들 인생길에도 언제나 밝음과 어둠이 공존하지요. 이것이 하나님의 섭리입니다.

　제가 어렸을 적에는 행복한 가정을 세우는 것과 관련된 지침서가 많이 없었습니다.

　단지, 청소년 시절 베스트셀러였던 쉘 실버스타인이 쓴 『어디로 갔을까 나의 한쪽은』이란 책을 읽고 동그라미 인생에서 잃어버린 나의 반쪽이 누구일까? 하는 궁금함에 이 사람, 저 사람을 갖다 대보기도 하고, 결혼 후에는 나랑 잘 맞지 않는 배우자를 보며 '내 반쪽이 아니었나?' 하고 의심 어린 눈으로 볼 때도 있었습니다.

　그런데 오랜 부부생활을 하며, 결혼은 반쪽과 반쪽이 만나 하나의 동그라미가 되는 것이 아니라, 동그라미와 동그라미가 만나 맞지 않는 반쪽씩을 버리고 서로 맞춰가며 하나의 온전한 동그라미가 되는 것이라는 사실을 뒤늦게 알게 되었습니다.

남편과 아내, 그리고 아버지와 어머니가 되기 위해 알아야 할 것들을 한 번도 배워보지 못하고 이 자리까지 온 저희 세대와는 달리 지금의 젊은 세대에게는 김사라 사모님의 『절대로 헤어지지 않는 연인들의 비밀(Lovers who never break up)』을 통해 세월을 낭비하지 않고 행복한 가정을 세우는 지름길로 곧장 갈 수 있는 내비게이션이 생긴다고 생각하니 기쁘고 든든하기만 합니다.

이 책은 결혼을 생각하는 청년들뿐 아니라, 결혼 후 갈등과 위기에 처한 부부, 그리고 보다 더 행복한 가정을 세워가기를 원하는 부부에게 좋은 지침서가 될 것이라 확신하며 강력히 추천합니다.

고신원 목사
-신월동 성결교회 담임목사

　과연 우리는 왕과 여왕처럼 살 수 있을까! 저자는 그렇다고 대답해 주고 있습니다.

　이 책은 연애에서부터 결혼생활까지 행복하게 살 수 있는 방법을 알려주는 지침서 역할을 하고 있습니다. 지금 막 연애를 시작했거나 결혼의 약속을 한 예비 신부님들에게 권하고 싶은 책이기도 합니다.

　하나님을 사랑하고 사람을 사랑하고 그 영혼이 잘됨을 간절히 바라는 저자의 마음을 읽을 수 있었습니다. 사람들이 정말 행복하기를 바라는 마음에서 이 책을 쓰셨다라는 것을 느낄 수 있었습니다. 너무나 소중하고 귀한 책이 세상에 나오게 된 것을 감사하게 생각합니다.

　사모님(저자)께서 연애와 결혼생활을 해오면서, 힘든 시간들을 보내면서 사랑하는 가정을 지키고 행복한 삶을 살아내기 위해서 무던히도 노력한 모습이 보입니다.

　또한 부부간의 소통문제도 다루어 주셨는데, 지금 우리나라는 부부갈등으로 인해 OECD 회원국 중 이혼율이 1위라고 하는 심각한 문제에 당면해 있기도 합니다. 효과적인 의사소통 능력이 부부관계에 중요한 영향을 미칠 수 있음을 봅니다.

　저자는 부부들의 만족스런 결혼생활과 행복한 삶을 위해 필요한 상호간의 기능적인 의사소통 능력을 향상시키기 위해서 어떻게 하면 좋을지 특유의 세심함으로 잘 설명하고 있습니다.

　결혼전에 이렇듯 좋은 '연애와 결혼의 지침서'를 만났다면 연애하면서 결혼생활하면서 겪었던 갈등과 힘들었던 시간들이 많이 줄어들었을 텐데 말입니다. 중년이 된 나이지만 이제라도 이 책을 통해 왕과 여왕의 삶으로, 다시 한 번 아름답고 행복한 삶을 살아가고 싶습니다.

　이 세상의 연인들과 결혼생활을 하는 모든 사람들의 행복하고 아름다운 삶을 위해 좋은 책을 쓰신 친구 되신 사모님(저자)의 출판을 축하드립니다.

　행복한 연애와 결혼으로 가는 로드맵으로서 더 많은 연인들과 부부들을 인도하여 가정의 밝은 미래를 비추어 줄 것이라 생각합니다. 힘든 연애에 대한 고민으로 만남조차 망설이고 있는 연인들과 갈등과 소통 문제로 인해 이혼의 막바지로 달려가는 부부들에게 이 책을 추천하고 싶습니다.

문현식
-예수교대한성결교회 목사, 짐바브웨 선교사, 기아대책 선교사

우선,

사랑에 빠진 연인, 설렘으로 결혼준비를 하는 예비부부 및 결혼한 부부들을 위한 지침서가 출간되어 누구보다 기쁘고 진심으로 축하드립니다.

남녀가 만나 한지붕 아래 둥지를 틀고 한몸처럼 마음을 맞춰 부부의 연으로 살아간다는 것은 큰 축복이자 행복이지만, 각기 다른 환경에서 살아온 남녀가 가정을 이루고 좌충우돌하며 아픔과 갈등을 겪으며 사는 것 또한 인생의 다른 모습입니다.

저는 부부교육·부모교육 전문강사로, 중·고등학교 때부터 남녀관계나 결혼 및 가정생활 등에 관련된 교육이 선행되어야 한다고 주장하는 입장입니다. 현장에서 만난 다양한 사람들 또한 이러한 교육이 이루어졌다면 부인노릇, 남편노릇, 부모노릇을 하는 데 많은 도움이 되었을 거라고 말하곤 합니다. 이런 얘기를 들을 때마다 안타까운 마음을 주체할 수 없습니다. 이러한 때, 남녀가 만난다는 것의 진정한 의미를 알려주는 책, 연애와 결혼 그리고 행복한 가정을 유지하는 데 필수적인 정보와 지혜를 위한 지침서가 꼭 필요하다고 생각합니다. 이 책은 그런 절실함이 잘 담긴 책입니다.

『절대로 헤어지지 않는 연인들의 비밀(Loves who never break up)』에는 살며 사랑하며 또 부딪히며 생겨나는 다양한 갈등을 지혜롭게 풀어가는 작가님의 생생한 경험담이 담겨 있습니다. 올해로 결혼 30년을 맞은 제 자신의 결혼생활을 다시 돌아보는 좋은 기회도 되었습니다.

사랑하는 연인끼리 상처를 주고받아도 건강하게 회복할 수 있는 지혜, 서로의 어깨에 얹혀 있는 짐을 나눠들며 균형을 맞춰가는 결혼생활의 좋은 팁을 꼭꼭 담아 집필하신 작가님의 마음을 가장 반가운 마음으로 응원합니다.

건강한 연인이 건강한 부부가 되고, 그런 부부가 좋은 부모가 된다는 것을 알기에 결혼을 앞두고 있는 젊은이들뿐 아니라 부부갈등으로 관계개선의 필요성을 느끼는 부부들에게 이 책을 꼭! 추천드리고 싶습니다.

오진림

-부부교육·부모교육 전문강사, 한국열린사이버대학교 특임교수

『절대로 헤어지지 않는 연인들의 비밀』

1993년 3월 27일 결혼하여 30년을 헤어지지 않고 4명의 자녀와 지금 아내의 도움으로 살아가고 있다.

책을 읽으며 구구절절 내 얘기를 하고 있는 듯한 저자의 예리하고 깊이 있는 나눔들이 마음에 팍팍 꽂히는 듯하다. 이런 책이 좀 더 일찍 출간되어 나에게 주어졌다면 우리 부부도 좀 더 효과적으로 소통할 수 있었으리라는 확신이 들었다.

독자들이 이 책을 읽으면서 세 가지를 얻었으면 좋겠다는 생각을 해본다.

첫째, 결혼은 연습할 수 없으므로 철저한 준비가 필요함을 배우는 것이다. 둘째, 결혼한 후에는 배우자를 최고로 여기고 겸손히 섬기는 자가 되라는 것이다. 마지막으로 결혼의 승패는 서로 얼마만큼 소통하고 배려하는 것을 배우느냐에 달려 있다는 사실이다.

20여 년 동안 저자의 가정과 교회를 지켜보며 그 삶을 나누었던 선배로서 한 가정이 아름다운 사랑의 열매를 맺기까지 많은 눈물과 끊임없는 인내의 거름이 필요하다는 것을 보게 된다.

김 영갑 목사
-네 아이의 아빠, 한 아내의 남편인 캐나다 하모니교회

한 해를 마무리하는 12월을 맞이하여 오랜 기간 기도와 사랑의 마음으로 젊은이들을 상담하며 섬기던 김사라 작가님의 첫 작품 발간을 진심으로 축복하며 축하를 드립니다.

어느덧 가을의 국화꽃 향기가 겨울에 삼켜져 겨울 빛깔이 짙게 풍겨오는 아침이 되니 섭섭한 마음 이루 말할 수 없지만, 오늘도 아름답고 향기로운 이 하루를 열어주시사 복된 날을 허락하신 주님께 찬양을 드립니다.

이제 천호지 호수에도 제철 만난 겨울철새들이 날아들 것이고 노오란 단풍이 아름다운 가로수로 심겨진 은행나무, 플라타너스의 무성한 잎들도 모두 떨어져 앙상한 가지가 드러나면 가을도 가버리고 화분들도 사라지고 거리가 쓸쓸할 텐데 어찌 겨울을 맞이할까요?

놓치기 아쉬운 가을이지만, 해마다 반복되는 하나님의 창조세계의 순환을 넉넉히 맞이하며 흰눈 내리는 겨울의 정취를 벗 삼아 삼동을 잘 견디며 새봄을 맞이하였으면 합니다.

강순구 목사
-쉴만한물가작가선교회 총회장

요즘 시대의 화두가 되는 가장 중요한 키워드 중의 하나는 단연 '소통'이라 할 수 있습니다.

세대 간의 소통, 부모와 자식 간의 소통, 그리고 부부와 연인들 사이의 소통 등, 각종 베스트셀러와 Youtube 상위 키워드 부분에 항상 랭크되어 있는 문제가 바로 '소통'입니다. 따라서 이 시대의 관심사는 우리가 얼마나 소통할 수 있고, 어떻게 소통하느냐에 달려 있습니다.

소통이 되지 않으면 벽이 생기고 오해가 생깁니다. 소통이 되지 않으면 어색해지고 관계가 서먹해집니다. 특히 부부관계에서는 더더욱 그 문제가 심각해집니다.

이 책에서 김사라 작가님은 작가님 고유의 섬세하고 배려가 담긴 필체로 소통의 방법을 다루고 있습니다. 소통 전문가가 아닐까 싶을 정도로 많은 부분을 다루려 한 것이 이 책의 특징이며, 수많은 사람들과 관계를 맺어온 경험이 이 책의 흐름을 더욱 매끄럽게 합니다.

작가님 스스로의 경험을 아낌없이 나누어 주며, 이 책을 읽는 독자들로 하여금 공감과 위로를 받을 수 있도록 다리를 놓았다는 점이 큰 장점입니다.

무엇보다 오랜 시간 사람들과 교제하고, 부부들을 상담해 왔던 경험은 작가님의 글을 보다 더 설득력 있게 만들어 주는 데 힘을 보태고 있습니다.

이 책은 인생의 여러 시기와 상황에 따른 조언을 담고 있는 연애·결혼 백과사전의 역할을 합니다. 어떻게 하면 아름답고 지혜로운 연애를 할 수 있을지, 결혼 이전과 이후에 고려해야 하는 여러 가지 상황적 조언까지 담고 있습니다.

특히, 남편과 어떻게 소통해야 하는지, 행복한 결혼생활의 열쇠가 되는 배우자와의 소통 문제를 담은 부분은 이 책의 금맥이라 할 수 있습니다. 그러므로, 김사라 작가님의 고뇌와 땀방울이 가득 차 있는 이 책을 기쁜 마음으로 추천합니다.

많은 분들이 이 책을 통해서 행복하고 아름다운 결혼생활을 영위할 수 있기를 바랍니다.

박형용 목사
-텍사스 리스타트교회 담임목사

만물이 한겨울의 동숙을 깨고 서서히 밖으로의 탈출을 서두르는 이때, 드디어 김사라 작가님을 통해 한 권의 책이 세상에 나오게 되었습니다.

『절대로 헤어지지 않는 연인들의 비밀(Lovers who never break up)』, 다음 세대인 청년들을 위한 한 권의 지침서가 아닐까 생각하며 이 지면을 통해 추천사를 써내려갑니다.

사실, 눈물 없이 들을 수 없었던 김사라 작가님의 인생 이야기가 이렇게 한 권의 책으로 나오리라곤 생각하지 못했습니다.
기나긴 탈고의 시간 속에서 참으로 귀한 인생교과서가 나오게 된 것입니다.

나는 전통문화를 아끼는 사람 중 하나로, 남녀가 만나 서로 사랑하고 헤어지는 분야가 전공은 아닙니다.

하지만 인생을 살아오면서 또 강의와 교육학을 전공하면서 김 작가님과의 공통되는 부분을 찾아보자면 다음 세대를 준비하고 양육해야 할 책임 있는 인생 선배로서 글을 쓰고 싶어한다는 것입니다.

그러한 까닭에 김사라 작가님의 『절대로 헤어지지 않는 연인들의 비밀(Lovers who never break up)』이라는 책이 연인으로 시작하여 부부에 이르기까지 서로 사랑하고 서로 존중하며 이어지는 인생의 부분마다 찾아볼 수 있는 교과서 같은 지도의 길이 되기를 소망해봅니다.

　다시 한 번 이 책이 출간되기까지 옆에서 같이해 준 목사님과 가족들의 뜨거운 사랑과 지지에 감사와 존경을 표하면서, 이 한 권의 지침서가 오늘을 살아가며 내일을 준비하는 젊은 세대들의 귀한 활력서가 되기를 소망합니다.

　좋은 책을 저술하기 위해 긴 시간 준비하신 김사라 작가님의 수고에 다시 한 번 박수를 보내면서, 사랑하는 김사라 작가님의 가정과 교회 위에 하나님의 무한하신 은총이 함께하기를 기도합니다.

김종환 회장
-한국윷놀이연구소

THANK YOU FOR~
책을 내는 데 도움을 주신 분들

제일 먼저 이 글을 쓸 수 있도록 용기와 지혜를 주신 하나님께 감사드립니다.

몸이 약한 나를 위해 기꺼이 손발이 되어 주고 기도와 지원을 아끼지 않은 사랑하는 남편에게 고마운 마음을 전합니다.

내 글을 읽고 한편으로는 용기를, 한편으로는 가감 없는 피드백을 해준 두 아들 주찬이와 영광이에게 감사합니다.

책의 출판을 위해 애써 주신 강순구 총장님, 언제나 용기를 북돋워 주신 오마이 갤러리 김기춘 관장님과 늘 응원해 주신 한국열린사이버대 오진림 교수님, 가수 민재연 집사님께 진심으로 감사합니다.

저를 위해 힘이 되어 주신 김종환 회장님, 신월동 성결교회 고신원 담임목사님과 교단총무이신 이강춘 목사님, 새빛교회 원로목사 조중은 목사님, 시인 유승우 박사님, 캐나다 하모니교회 김영갑 목사님, 아프리카 아바신학교 문현식 교수님, 리스타트교회 박형용 담임목사님, 복진국 목사님, 안순자 사모님, 윤사랑 목사님, 항상 기도해 주시는 사랑하는 화평교회 여러 성도님들, 송나겸님, 한명호 장로님, 주선미 권사님, 이금옥 사모님, 모닥불기도회 여러분, 페북 친구들! 정말정말 고맙습니다.

디자인에 아낌없는 조언을 해주신 조미화 멘티님과 기쁜 마음으로 다양한 도움을 준 절친 이혜빈, 김효숙에게 감사합니다.

마지막으로, 기꺼이 출판을 담당해 주신 도서출판 그린아이·기독복음 대표 이영규 장로님께 깊은 감사의 말씀을 드립니다.

차 례

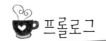

연애와 결혼을 생각하는 당신!

"당신이 정말 행복했으면 좋겠습니다."

"결혼을 통해서 여왕처럼 행복을 누렸으면 좋겠습니다."

"한 번뿐인 소중한 내 인생, 잘못된 선택으로 불행해져서는 절대 안 되겠죠."

그렇다면 어떤 연애와 결혼을 해야 행복한 인생을 살 수 있을까요?

26년 나의 결혼생활…. 수많은 위기와 여러 차례의 이혼 문턱에 섰었다.

정말 많은 정보를 수집했다.

그리고 얼마나 많이, 또 간절히 기도했는지 모른다.

사는 것이 죽을 것처럼 힘들었기 때문에….

우리 부부 앞엔 성격 차이, 가치관의 차이, 소통 문제, 자녀 교육의 문제, 시부모에 관련된 문제, 경제적 어려움 등 말할 수 없이 어려운 문제들이 산더미처럼 쌓여 있었다.

한 번뿐인 나의 인생이기에 나는 행복한 삶을 포기할 수 없었고, 암담한 현실 속에서 실타래처럼 얽힌 문제들을 풀어가야만 했다.

우리 부부의 가장 큰 문제점은 서로 자기 주장이 너무 강해 소통이 안 된다는 것이었다.

우리는 얘기를 하다가 자주, 소통이 아닌 싸움을 하고 있었다. ㅠㅠ

우리 부부의 모습은 참으로 절망 그 자체였다.

지금의 안정된 모습으로 살아가기까지의 삶을 되돌아보며 이 글을 쓰게 되었다.

누군가에게 도움이 되고 싶은 마음으로….

인간사회에서 행복하게 살아가기 위해 가장 중요한 기술인 '소통', 잘할 수 있는 방법은 뭘까?

인간은 '응애' 하고 태어나는 순간부터 살기 위한 본능으로 먹고 자고 싸고 울고 웃는다.

이렇듯 주어진 환경에 적응해 가며 웃음과 울음, 옹알이 등을 통해 주변과 소통하는 법을 배우면서 인간으로서 사회적인 삶을 살아가게 된다.

일반 사람들과의 관계에서는 물론, 부부 사이에도 의사소통의 문제는 무척 중요하다.

서로 잘 소통하기 위해서는 어떻게 해야 할까?

우선, 내가 좀 손해를 본다 해도 우리 가정이 행복할 수만 있다면 기꺼이 희생을 감수하겠다는 마음가짐이 필요하다고 생각한다.

그렇다고 항상 손해만 보는 삶을 살라는 것은 아니다.

그런 마음이 바탕에 깔려 있을 때 상대방과 더욱 편안하게 소통을 할 수 있다는 것이다.

부부는 하나이다. 잠자리에서의 하나됨이 정서적 하나됨과 연결되기 위해서는 때로는 자존심도 내려놓아야 한다.
자존심보다 중요한 것이 가정을 지키는 일이기 때문이다.
건강한 가정을 이루려면 세심한 주의와 가꿈이 필요하다.
자존심은 접어 두고 부부간의 편안한 관계를 유지하기 위해 노력해야 한다.

부부 사이의 원활한 소통을 위해 수시로 자연스러운 스킨십을 하는 것도 큰 도움이 된다.
가벼운 포옹과 입맞춤, 손을 꼬옥 잡아주는 등의 애정표현은 말하지 않아도 '내가 당신을 사랑하고 지지한다'는 적극적인 마음의 표현이 된다.
간혹 외출 후 돌아온 남편에게 "자기 왔어?" 하고 웃으며 안아주거나 손을 잡아주면 얼마나 행복해하는지 모른다.

서로 이해하고 양보하고 배려하는, 생활에서의 행동습관 또한 행복한 관계성을 갖는 데 기본이 된다.

부부는 삶의 대부분을 공유하는 사이이기 때문에 이러한 습관이 몸과 마음에 배어 있어야 충돌을 줄일 수 있다.

그러니 배우자가 자신과 다르다고 해서 너무 스트레스 받지 말기를….

살다 보면 오히려 다르기 때문에 지루하지 않고 감사할 날도 온다. ㅎㅎ 나랑 달라서 신선한 느낌을 가질 수도 있다.

다름은 긴 인생길에서 지루함을 없애 주고, 상호보완적인 작용을 하여 삶을 윤택하게 만들어 준다는 메리트가 있다.

우리 부부는 성향, 취미, 생활습관, 자라온 환경…

모든 것이 달랐다.

활달하고 명랑하고 외향성이 강한 나의 남편. 볼링, 탁구, 자전거, 족구, 축구, 배드민턴 등 운동을 좋아하고 잘한다.

가만히 앉아서 뭔가 하는 것은 지루해한다. 혼자 운동하고, 혼자 산에 가고, 혼자 친구 만나러 나가고….

데이트할 때도 밥을 먹는 속도가 빨라 함께 식당에 가면 후다닥

먹고 "차에 가 있을게."라며 먼저 일어서기 일쑤였다. ㅎㅎ

물론 지금 남편은 절대로 예의 없는 행동을 하지 않는다.

"애고, 그러면 집에서 쫓겨나요." 하고 농담까지 하며 스스로 알아서 잘 맞춰 주는 사람이 되었다.

어쨌든 당시, 남을 배려하고 기다려 주는 것이 습관화된 나는 남편의 행동만을 보며 판단했고, 이해가 되지 않아 머리가 돌 것만 같았다. ㅠㅠ

나는 밥도 천천히 먹고 말도 되도록 조용조용히 한다. 행동도 차분하고 느린 편이며, 무엇이든 안정적인 것을 좋아한다.

책 보고, 영화 보고, 피아노 치고, 꽃꽂이하고, 친구와 만나 커피 마시고, 노래하고, 공부하고, 상담하고, 강의 듣고, 강의하고, 아이들 가르치고….

주로 정적인 활동을 즐기며, 크게 움직이는 것은 별로 좋아하지 않는다.

시간이 지나고 보니 나는 지나친 완벽주의자에 꼰대 스타일이었고, 남편은 자유분방한 스타일에 무엇이든 하고 싶은 대로 하는 자유로운 영혼이었다.

우리 부부는 생활습관 또한 다르다.

예를 들어 나는 치약을 끝에서부터 꼼꼼히 짜서 쓰고, 남편은 가운데를 꾸욱 눌러서 쓴다. 치약을 다 쓰기도 전에 또 다른 치약이 버젓이 나와 있다. 전엔 이러면 짜증이 났지만 지금은 그냥 남은 치약은 내가 깔끔하게 쓰고 버린다.

수건 하나도 반듯하게 개서 정리해야 하는 나는, 무슨 일이든 무조건 빨리 끝내고 보는 남편이 뭔가 허술하게 느껴졌다. 맘 같아선 남편이 개어 놓은(?) 수건을 다시 개고 싶은 마음이 굴뚝 같았지만 참는다. 어설프지만 스스로 개어 놓은 마음에 상처가 될 것 같아서. 에구, 맞춰주기 힘들어. ㅠㅠ

이렇듯 우리는 말없이 알아서 맞추며 살아간다.

세월이 흐르면서 서로에게 자연스럽게 적응해 가고 있는 모습을 보게 된다.

우리 부부는 둘 다 자기주장이 강하다.

서로 자기식을 고집하며 얼마나 싸우고, 화내고, 2차 대전, 3차 대전을 벌였는지 모른다.

나는 남편에게 짜증내며 "이것 좀 고쳐."라고 말하기 일쑤였다. 하지만 고쳐지지 않았다.

이런 남편을 보며 나는 속이 터졌다.

남편은 6남매의 막내, 나는 외동딸이었다. ㅎㅎ

"달라도 너무 달라 죽을 것 같아."

정말 이러고 살았다.

6남매의 막내로 자란 남편은 누나가 4명이나 되었다.

헌신적인 누나들은 막냇동생이 필요한 것을 말하기도 전에 척척 채워주었고, 남편이 말만 하면 무엇이든 대령하는 것이 자연스러워 보였다.

나 또한 아버지가 밥 차려놓고, "정하야, 밥 먹자." 하면 쪼르르 달려나와 밥을 먹었고, 엄마가 알아서 방청소는 물론, 속옷까지 빨아주셨다.

친정엄마는 나를 가지셨을 때 입덧이 심하여 임신 내내 힘들어하셨다. 나는 8개월 만에 난산으로 태어났으며, 어릴 적부터 병약했기에 엄마는 나에게 힘든 일은 시키지 않으셨고, 건강하게 자라주기만 바랐었다. 그렇게 김치 한번 담가보지 않고 살다가 28살에 남편과 결혼을 했다.

그야말로 왕자와 공주가 만나 가정을 이룬 것이었다. ㅎㅎ

'나를 사랑한다면서 이것도 못해 주나?'

시간이 흐를수록 나의 결혼생활은 실망으로 가득 찼다.

연애할 때 남편은 나에게 모든 것을 맞추어 주었다. 꽃을 좋아하는 나를 위해 만날 때마다 꽃다발을 사다 주는 등 정말 지극정성으로 내게 맞추어 주었다.

그런데 결혼 후엔 자기에게 백 퍼센트 맞추어 주길 바랐다.

뭐든지 똑순이처럼 잘 해냈던 나 또한 교만한 마음에 항상 상대가 바뀌기만 원했다.

결혼을 무르고 싶다는 어이없는 생각도 자주 했다.

나는 결혼생활에 짜증이 났고 실망했으며, 몹시 힘들었다.

연애할 땐 원하는 거 다 해준다고 하고선…. 정말 화도 나고 짜증났다. 약속하면 반드시 지켜야 하는 고지식한 나는 결코 이해할 수 없는 영역이었다. ㅠㅠ

순진하게도 나는 연애할 때의 약속을 그대로 믿었고 또 지켜야 한다고 생각했었다.

그런데 살아보니 주변에 그런 약속을 지키고 사는 부부는 거의 없었다.ㅋㅋ

아무튼 혼자 섭섭해하며 살아온 세월이 벌써 이십여 년이다.

힘겹게 가정생활을 이어가자니 외롭고 슬펐다.

'왜 매번 나만 참아야 하지?'

'왜 나 혼자 집안일을 모두 책임져야 하나?'

남편 때문에 잘나가던 내 인생 다 망쳤다,라고 생각하며 "아이고, 내 신세야." 하고 살았다.

내 말을 들어주지 않은 남편에게 원망만 쌓여갔다.

공주처럼 사랑만 받기 원했던 나는 남편이 항상 공주처럼 대접해 줄 줄로 착각했었고, 그렇게 되지 않으니 미움과 분노와 배신감마저 들었다. 이런 나를 남편도 미워했다.

소통은 되지 않고 갈등만 깊어지니 같이 살기 힘들었다.

이혼만이 답이라고 생각했다.

문제를 해결하기 위해 전문가를 찾아가 상담도 해 보고, 책도 찾아보고, 강의도 들어보았다.

그러나 나에게는 그다지 도움이 되지 못했고, 전문가들도 자신이 살아보지 않은 삶을 이해하는 데 한계가 있다는 생각이 들었다. 누구 하나 속시원하게 얘기해 주지 못하는 상황…. 다들 안타까워하기만 했다.

결국 너는 너, 나는 나. 따로 살기도 했었다.

인터넷 등을 찾아보며 혼자 공부를 시작했다.

연애학, 심리학, 소통학….

도서관에서 책도 빌려다 읽고, 서점에 가서 최신 도서도 구입해 줄을 쳐가며 읽고 또 읽었다.

그러면서 깨달은 것은 남편을 바라보는 나의 관점에 문제가 있다는 것이었다.

우리는 항상 상대가 바뀌기만을 원했다.

그런데 내가 먼저 바뀌어야

남편도 바뀐다는 것을

뒤늦게서야 깨달았다.

항상 남편이 문제야. 나는 다 괜찮은데….

나에게 무서운 독선과 교만이 있음을 발견하게 되었다.

나는 주님께 회개기도를 드렸다

"주님, 모두 나의 죄입니다. 잘못했습니다." 하고.

그 후로 나는 남편이 눈에 거슬리는 행동을 할 때마다 '나랑
다를 뿐이야.'라고 생각하며 스트레스를 받지 않기 위해 노력
한다.

나도 모르게 잔소리를 늘어놓았을 때는 "잘난 척해서 미안
해." 하며 진심으로 사과한다.

그러면 남편도 "나도 미안해. 당신이 나를 가르치려고 하는
것 같아 미웠어. 그래서 말을 더 안 들어준 거야." 하고 사과
를 한다.

그 결과 우리 부부는 서로에게 스트레스를 주지 않기 위해
조심하고 배려하는, 사이좋은 부부가 되었다.

물론 많은 노력과 긴 시간이 걸렸다.

하지만 우리 부부는 결국 성공했다. ^^

인간관계에서 상처받지 않으려면 어떻게 해야 할까?

(부부사이에서도 마찬가지로 적용해 보자)

#1 건전한 애착관계를 형성해야 한다.

관계의 문제는 대부분, 애착관계 형성의 실패로 인해 일어난다고 할 수 있다.

부모자식간의 건전한 애착관계는 부모의 양육 태도에 따라 결정된다.

상대를 편안하게 대해 주고, 잘했을 때는 크게 칭찬해 주며, 실수했을 때는 "괜찮아. 그럴 수도 있지."라며 위로해 주는 과정 등을 통해 건전한 애착관계가 형성되는 것이다.

적절한 반응을 해 주며 키운 아이는 부모와의 사이에 건강한 애착관계를 형성하여 건강한 자아상을 갖게 된다.

인생을 긍정적으로 살아갈 수 있는 힘을 얻게 되는 것이다.

이러한 것들을 바탕으로 가족과의 관계에서는 물론, 타인과도 원활한 관계를 유지할 수 있다.

어린시절 부모와의 애착관계를 통해 건강한 자아상을 형성하지 못한 사람은 배우자나 친구, 선생님 등 존경할 만한 이들과 친밀한 관계를 형성함으로써 건강한 자아상을 만들어 보는 것도 좋은 방법이다.

#2 자존감을 높여야 한다.

신체와 정신이 건강한 개인이 건강한 가족공동체를 만들고 나아가 건강한 사회를 만들어 간다. 이러한 사람들은 대부분 자존감이 높다.

자존감은 자아존중감으로, 자존감이 높은 사람은 모든 인간관계에서 상처를 잘 받지 않는다.

자존감을 높이려면 무엇보다 스스로를 좋아해야 한다. 자신을 좋아하면 자신을 보호하게 된다.

성취감을 느낄 수 있는 작은 일들을 찾아 계속해 나가다 보면 성공의 경험들이 쌓이면서 자신을 신뢰하게 되고, 자기효능감이 커지면서 자아존중감 또한 높아진다.

#3 상대의 필요를 먼저 채워주자.

인간관계는 대부분 주고받는 방식으로 형성된다.

성경에도 "대접을 받고자 하는 대로 남을 대접하라."는 내용이 있다. 이것은 인간관계의 황금률이다.

또한 성경에 "심은 대로 거둔다."라고 한 것처럼, 우리의 인생도 뿌린 대로 거두며 사는 것이다.

내가 대접받고 살기 위해서는 배우자든 자식이든 친구든 이웃이든 먼저 챙겨주고 헌신해야 돌아오는 것이 있다.

이런 나를 미워하거나 무시할 사람은 없다.

존경과 사랑과 감사로 나에게 돌아올 것이다.

만일 나의 희생을 당연히 여기고 멸시하는 배우자라면 잘해 주되, 선을 정하고 좀 냉정해지는 것이 좋다.

나를 우습게 보지 못하도록 모범을 보이고 절도 있는 삶을 살아야 상대를 통제하며 나에게 길들일 수 있다.

소통을 위해서라도 상대를 나에게 길들이는 것은 중요하다.

주도권을 잡고 있어야 남편을 바꿀 수 있다. ㅎㅎ

#4 일정 거리를 유지하라.

아무리 가족이라도 개인의 사생활은 침해하지 말아야 한다.

사사건건 간섭하거나 잔소리를 한다면 그 관계는 쉽게 깨어질 것이다.

서로 불편하지 않게 가끔은 알고도 모르는 척, 보고도 못 본 척 넘어가 주는 센스가 필요하다.

잔소리는 본전도 못 찾는, 자기만의 스트레스 해소 행위일 뿐이다.

"설거지 좀 해 줄래?" 하며 부탁하고, "어쩜 이렇게 설거지를 잘해?" "고마워요." 등의 칭찬과 감사의 표현을 반드시 해야 한다.

#5 상대에 대한 기대를 최대한 버려라.

상처는 나의 기대가 채워지지 않을 때 받는다.

상대가 내 마음을 몰라주고 내 필요가 채워지지 않는다고 생각될 때, 무시당한다고 생각될 때 상처를 받게 된다.

그러므로 기대가 적을수록 상처도 적게 받는다.

하지만 상처가 다 나쁜 것은 아니다.

인류를 위해 위대한 업적을 남긴 인물들 대부분은 수많은 상처를 딛고 일어선 사람들이었다.

비 온 뒤에 땅이 굳어지는 것처럼 인간은 상처를 극복하면서 성장하고 강해진다는 사실을 잊지 말자.

#6 강한 내면을 길러라.

우리의 뇌는 신기한 기관이다.

우리가 마음먹은 대로 움직이고 활성화된다고 한다.

그러나 이것은 누구나 되는 것은 아니고 끊임없이 자신의 마음을 컨트롤하며 훈련해야 한다.

이를 통해 내면을 강하게 만들어야 한다.

마음 근육을 튼튼하게 단련해야 쉽게 상처받지 않는다.

나를 무시하는 사람들을 만날 땐 이렇게 생각해 보자!

'네 수준이 그것밖에 안 되는구나!'

이렇듯 우선 내 마음을 보호하며 방어하라.

수준이 높은 사람은 다른 사람을 함부로 무시하지 않는다. 남을 존중하는 태도가 몸에 배어 있기 때문이다. 인품이 훌륭한 분들은 상대를 배려하고 편안하게 해준다는 특징이 있다.

좋은 인간관계는 저절로 만들어지는 것이 아니다.

특히 평생을 함께 살아갈 배우자를 만나

행복한 결혼생활을 유지하기 위해서는

그에 맞는 기술이 필요하다.

나 또한 결혼을 하고 수십 년 동안 심한 부부갈등을 겪었고, 극복했다.

이러한 나의 경험을 바탕으로 지혜로운 연애와 행복한 결혼 생활을 꿈꾸고 있는 사람들에게 작은 도움을 드리고자 이 글을 쓰게 되었다.

이십대에서 노년에 이르기까지,
행복한 연애와 성공적인 결혼을 꿈꾸는
모든 분들을 위한
"지혜로운 연인들의 지침서"입니다.

Ⅰ. 지혜로운 연애, 어떻게 시작하지?

'연애'란 단어의 뜻을 찾아보면,

'상대방을 서로 애틋하게 사랑하여 사귄다.'고 씌어 있다.

즉, 연애는 사랑하는 마음에서부터 시작된다고 볼 수 있다.

누군가를 사랑하고, 사랑받고 싶어하는 것은 인간의 본능이다.

그러나 남녀간의 사랑이라고 해서 육체적인 것만을 의미하지는 않는다.

정신적, 감정적, 육체적인 것 등을 모두 포함하는 것이 바로 연애가 가리키는 사랑이다.

1 남자가 생각하는 매력적인 여자는 어떤 여자일까?

남자들은 여자를 만날 때 '잠깐 만날 것인가? 장기적으로 만날 것인가?'를 3초 안에 결정한다고 한다.

오래 만나고 싶은 여자라고 생각하면 자신의 자원을 아낌없이 투자한다.

여자의 마음을 사기 위해 자신이 할 수 있는 모든 것을 동원하여 유혹과 구애작전을 펼치는 것이다.

그렇다면 남자들이 좋아하는 여자는 어떤 스타일일까?

(1) 외모와 스타일이 돋보이는 여자

아름다운 얼굴, 육감적인 몸매 등 눈에 띄는 외모를 가진 여자는 남자들의 시선을 한몸에 받는다.

남자들은 본능적으로 시각적인 것에 민감하기 때문이다

멋지고 세련된 스타일로 자신을 잘 꾸미는 여자도 남자들에게 대시를 많이 받는 편이다.

(2) 귀엽고 애교있는 여자

첫사랑을 생각나게 해서일까.

귀여운, 풋풋한 소녀 같은 감성을 가지고 있는 여자를 좋아하는 남자들이 의외로 많다.

(3) 단아하고 여성스러운 여자

애교 있고 사랑스러운 스타일은 아니지만 엄마 같고 누나 같은, 신뢰가 가는 현숙한 현모양처 스타일의 여자는 배우자감으로 인기가 높다.

(4) 높은 교양을 갖춘 여자

교양이란 지식, 도덕, 정서 등을 바탕으로 길러진 고상하고 원만한 품성을 뜻한다.

다시 말해 교양을 갖추었다는 것은 자신만의 취미를 가지고 여유롭게 즐길 줄 아는 지혜로움, 다른 사람의 험담을 하지 않는 높은 도덕심, 상대를 너그럽게 대하는 마음과 인간관계에서의 예절 등을 지녔다는 의미로 볼 수 있다.

(5) 유능하고 지적인 여자

아는 것도 많고 문제해결능력도 높아 어려운 문제를 만났을 때 두려움 없이 척척 잘 해결해 나가는, 한마디로 똑부러지는 여자이다.

이런 여자에게 매력을 느끼는 남자는 우유부단하거나 여자에게 기대고 싶은 남자, 아니면 자신과 같은 수준을 찾는 스마트한 남자일 수도 있다.

(6) 자기주장이 뚜렷하고 가치관이 분명한 여자

여자들도 자신만의 뚜렷한 주관을 가지고 있어야 한다.

남자의 제안이 마음에 든다면 즐겁게 승낙하고, 싫다면 왜 싫은지 자신의 의견을 당당하게 말할 수 있는 여자가 매력적이다. 이런 여자는 남자가 함부로 무시하지 못한다.

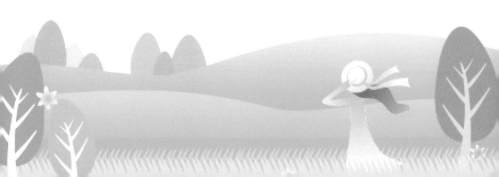

외모든 성격이든 자신만의 색깔이 없는 여자는 인기가 없다.

자신의 색깔을 분명히 하고 매력을 개발하는 것은 연애시장에서 성공을 거두는 데 아주 중요한 사항이다.

많은 사람들에게 인기가 있다는 것은, 인생을 살아가는 데 있어 큰 재산이 되고 자존감이 높아지는 행복한 경험이 된다.

인간관계뿐 아니라 연애에도 많은 노력이 필요하다는 것을 꼭 기억해야 한다.

이런 노력을 굳이 하고 싶지 않다면 혼자 자신만의 삶을 즐기며 살아야 할 것이다.

2 남자의 마음을 사로잡는 매력적인 여자가 되려면 어떻게 해야 할까?

(1) 사랑에 자신의 전부를 걸지 말아야 한다.

혼자 모든 것을 희생하지 말고, 자신만의 삶을 중요시하며 자기계발에 힘써라.

자신만의 인간관계를 유지함으로써 남자에게 매달리거나 감시하는 등의 시간낭비를 하지 말아야 한다.

일정한 거리를 유지하며 아주 조금씩 가까워져라.

(2) 때로는 약간의 무심함으로
상대방으로 하여금 사랑의 허기를 느끼도록 내버려두라.

일을 좋아하는 나는 사실 남편에게 무관심할 때가 많다.

특히 배우는 것을 좋아하여 항상 책과 씨름하며 살았는데, 남편은 이런 나를 더 사랑스러워한다.

상대가 내 사랑에 대한 갈증을 느끼도록 해야 한다.

모든 것을 아낌없이 주는 사랑을 하다가는 모든 것을 잃을 수도 있다.

너무 착하기만 한 여자는 매력이 없다.

미안한 말이지만, 어쩐지 좀 바보스럽기까지 하다.

모성애는 가지고 있되, 상대의 엄마가 되어서는 안 된다.

엄마가 자식에게 하듯 희생만 하는 여자는 전혀 매력적이지 않다. 아내는 여자여야 한다.

(3) 항상 신비감을 유지하여 질릴 틈이 없도록 하자.

사랑하는 사이에는 신비감을 유지하는 것도 중요하다.

처음부터 자신에 대한 모든 것을 오픈하는 등 신비감을 떨어뜨리는 행동은 삼가자.

나는 집에서는 편안한 차림으로 있더라도 외출할 때만큼은 아주 예쁘게 차리고 나간다. 그럴 때면 남편은 나를 힐끔 보며 너무 예쁘다고 좋아한다.

남편의 열렬한 구애 끝에 결혼했기 때문에 나로서는 아쉬울 게 없었고, 항상 당당한 마음으로 살았다. 그래서인지 남편은 이런 나를 더 매력적으로 느끼는 것 같다.

게다가 나는 글을 쓰고 책을 읽는 것을 즐기는 것은 물론, 노래, 꽃꽂이, 요리 등 여러 방면에서 활동하며 내가 생각해도 참 열심히 산다.

이러한 나의 다양한 모습을 보며 남편은 나를 항상 자랑스

러워하고, 행복해한다.

인간은 미지의 세계에 대해 동경하는 습성이 있다.

한마디로 식상한 걸 싫어한다.

사랑은 서로에 대한 믿음과 신뢰만으로 완성되는 게 아니다. 신비감과 매력이 있어야 오래 유지될 수 있다는 사실을 기억해야 한다.

3 여자가 강한 끌림을 느끼는 남자는 어떤 사람일까?

남자든 여자든 처음 봤을 때 끌리는 상대가 있기 마련이다. 여기서 끌림이란 호감, 즉 좋아하는 마음을 말한다.

그렇다면 여자들은 어떤 남자에게 끌릴까?

(1) 멋진 외모를 가진 남자

남자들이 예쁜 여자를 보면 저절로 미소를 짓듯이, 여자들도 수려한 외모를 가진 남자에게 호감을 느낀다.

(2) 능력이 많은 남자

대부분의 여자들은 사회적으로, 물질적으로 성공을 이룬 남자에게 매력을 느낀다.

(3) 아는 것이 많은 똑똑한 남자

많은 여자들이 지적이고 똑똑한 남자를 좋아한다.
좋은 학벌을 가졌거나 어떤 분야에 대한 전문적인 지식을 가지고 있는 등 스마트한 매력을 뽐내는 남자에게 끌림을 느끼는 것이다.

(4) 남성적인 매력을 가진 남자

큰 키와 딱 벌어진 어깨, 근육질의 몸을 가진 남자를 보면 여자들은 강한 매력을 느낀다고 한다.
잘생긴 남자보다 남성미를 물씬 풍기는 남자가 더 오랫동안 호감을 유지한다.

(5) 신뢰감을 주는 남자

성실함과 책임감 있는 모습으로 신뢰를 주는 남자는 여자로 하여금 안정감과 안도감을 느끼게 한다.
믿음직스러운 매력으로 상대에게 다가가는 것이다.

(6) 유쾌하고 유머러스한 남자

유머러스한 남자는 만날 때마다 기분이 좋다.
나는 물론 주변 사람들까지도 웃게 만든다면 호감도가 상승한다.

(7) 자신의 삶에 열정적인 남자

성실하고 자신의 삶을 잘 관리하며 열정적으로 사는 사람은 누가 봐도 매력적이다.
왠지 더 알고 싶어진다.

(8) 존경심을 느끼게 하는 남자

높은 가치관을 가지고 있는 남자는 수많은 사람들로부터 사랑과 지지를 받는다.

이러한 모습이 이성에게 매력적으로 느껴질 수 있다.

(9) 모성애를 느끼게 하는 남자

연민으로 시작되는 사랑은 많은 희생이 필요하므로 인생이 피곤해질 수도 있다.

그런 사실을 알면서도 도와주고 지켜주어야 한다는 이유만으로 이성간의 끌림을 느낄 수 있다니, 참 아이러니한 일이다.

(10) 아빠처럼 기댈 수 있는 남자

여자는 보호받고 사랑받고 있다는 감정으로 인해 이성에게 끌림을 느낄 수 있다.

따뜻하게 대해 주고 전폭적으로 지지해 주는 남자는 연상인 경우가 많다. 아빠처럼 의지하며 지내는 것이다.

(11) 왠지 끌리는 남자

좋아할 만한 조건이 전혀 없는데도 그 사람이 좋은 경우가 있다.

유전적으로, 감정적으로 자신과 맞는 사람을 만났을 때 아무 이유 없이 끌리는 경우가 있다고 한다.

그러나 이러한 끌림도 시간이 지나면서 점점 퇴색되기 시작한다.

그렇기 때문에 강한 끌림이 없어도 조건이 맞는 사람을 선택하는 것이 안정된 연애를 하는 방법일 수 있다.

4 여자들은 왜 나쁜 남자에게 더 끌릴까?

어떤 여자들은 무조건 착한 남자보다 내 맘대로 안 되는 나쁜 남자에게 더 매력을 느낀다고 한다.

착한 남자보다 까칠한 남자에게 더 많은 감정을 투자한다는 것이다.

아마도 쉽게 가질 수 없는 것에 더 가치를 두어, 갖고 싶은 욕구 또한 커지기 때문일 것이다.

그렇다면 매력적인 나쁜 남자가 절대 하지 않는 10가지에 대해 알아보자.

(능력이나 외모가 따라준다는 가정하에…)

(1) 하고 싶은 말을 절대 참지 않는다.

나쁜 남자는 자기가 하고 싶은 말이 있으면 망설이지 않고 한다.

여자가 상처받거나 싫어할까, 눈치 따위는 보지 않는다.

상처를 받든지 떠나든지 상관하지 않는다.

(2) 자신의 인생에서 여자를 최우선순위로 놓지 않는다.

까칠한 남자는 인생에서 일, 꿈, 미래, 성취, 자아애 등을 우선순위에 놓는다.

여자가 우선순위가 아니기 때문에 여자에게 잘 보이기 위해서 노력하지 않는다.

여자가 떠나가도 크게 신경쓰지 않는다.

인생에서 여자를 최우선에 놓지 않기 때문이다.

이 세상에 여자는 많다, 떠날 테면 떠나라 하는 태도를 보인다. 여자 때문에 손해를 보거나 희생하지 않는 것이다.

(3) 절대로 허락을 받지 않는다.

"이거 해도 돼?" 하고 허락받는 것은 착한 남자의 특징이다. 까칠한 남자는 항상 당당하고 자신감이 넘친다.

허락을 받지 않는 것은 확신과 신념이 있기 때문이다. '내가 한 결정 내가 책임진다.'라는 생각을 가지고 있는 것이다.

(4) 다른 사람과 비교하지 않는다.

자신만의 삶을 살기 때문에 다른 사람과 비교하지 않고 비교당하지도 않는다. 자신의 인생을 소신껏 살아간다.

(5) 거절을 두려워하지 않는다.

거절을 당할까 걱정하며 소심하게 행동하지 않는다.

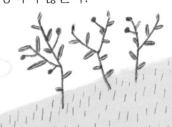

(6) 작은 일에 사과하지 않는다.

작은 실수쯤은 대수롭지 않게 생각하기 때문에 '뭐 저런 사람이 다 있나?' 하고 생각할 수도 있다.

(7) 증명하려 하지 않는다.

자신의 생각을 굳이 증명하려 하지 않는다.

(8) 잘 보이려고 척하지 않는다.

누군가에게 잘 보이려고 하지 않고 있는 그대로 말하고 행동한다.

(9) 선의의 거짓말도 하지 않는다.

까칠한 남자는 너무 솔직한 면이 있다.

(10) 부끄러워하지 않는다.

처음 만나는 여자 앞에서도 항상 당당하다.

어색하고 불편한 상황에서도 당황하지 않고 자연스럽게 행동한다.

이렇게 '만만하지 않고', '까칠하고', '내 마음대로 안 되고', '어디로 튈지 모르는 예측이 불가능한' 남자들이 오히려 여자들의 애를 태우며, 마음을 사로잡는다고 한다.

5 내가 좋아하는 사람이 나를 좋아하도록 만드는 방법은 뭘까?

(1) 지피지기면 백전백승! 상대를 먼저 파악하자.

상대를 찬찬히 살피며 성격, 취미, 취향 등을 파악하자. 상대의 관심을 끌 수 있는 옷차림과 외모 등에도 신경을 써야 한다.

그 사람 앞에서 왔다 갔다 하며 시선을 끄는 것도 좋은 방법이다. 그리고 눈이 마주치는 순간, 방긋 웃어주는 정도의 인사만 하라. 절대로 속마음을 드러내서는 안 된다.

상대가 나를 궁금해하도록 만들어야 한다.

그리고 그로 하여금 당신에게 대시하게 하라.

연애는 일종의 게임과 같은 것이다.

게임에서 이겨야 행복한 연애를 할 수 있고, 이를 위해서는 상대에 대해 잘 알아야 한다.

적을 알고 나를 알면 승리한다는 '지피지기면 백전백승!'이라는 말이 연애에서도 적용되는 것이다.

(2) 상대에 못지않은 실력과 능력을 준비하자.

사자성어 중에 '유유상종'이라는 말이 있다. 같은 무리끼리 서로 사귄다는 뜻이다. 이 말은 연애관계에서도 적용된다.

자신의 수준을 높여야 비슷한 조건에서 만날 수 있는 상대도 많아지는 것이다.

연애, 특히 결혼은 생각보다 조건적일 수 있다.

지적 능력이나 경제력 등이 크게 차이나는 경우, 처음에는 좋아하는 마음 하나로 극복할 수 있다고 생각하지만 막상 만나다 보면 다툼이 잦아질 수 있다.

수준이 높은 사람일수록 높은 수준의 상대를 원한다는 것을 알아야 한다.

생각이나 생활, 배움 등 여러 가지 면에서 수준이 비슷해야 제대로 된 소통을 할 수 있다.

배우자 간의 수준 차이가 너무 나면 서로가 괴롭고, 한쪽이 무조건 참고 살아야 하는 고통이 수반된다.

결혼은 길고긴 여행이다.

오랜 시간 서로 소통이 되지 않으면 결국 지치게 되고, 서로를 포기하게 된다.

마지못해 살거나 이혼하거나의 선택을 하게 된다.

요즈음 황혼이혼이 유행처럼 번지고 있다.

50대 이상의 부부들이 전체 이혼율의 60%를 차지하고 있다고 한다.

그동안 참고 살다가 더 이상 못 견디고 속편하게 살고 싶다며 이혼을 하는 것이다.

이러한 문제는 대부분 불통에서 비롯된다.

내가 좋아하는 사람으로부터 사랑받기 원한다면 그와 비슷한 수준을 맞추기 위해 노력해야 한다.

인간은 모두가 계산적이고 이기적인 면을 가지고 있다.
갖춘 것이 많을수록 이성에게 매력적으로 다가간다는 사실은 부인할 수 없을 것이다.
조건이 좋은 사람일수록 상대방의 조건도 좋기를 바라는 것은 당연하다. 이것이 현실임을 꼭! 기억하라.

(3) 상대에게 아쉬워 보이지 말아야 한다.

아쉬워 보이면 매력이 떨어진다.
항상 당당하게 행동해야 한다.
당신이 아니어도 얼마든지 좋은 상대를 만날 수 있다는 느낌을 받게 하라.

(4) 여러 부류의 사람을 만나보며 일단 경험하자.

여러 사람을 만나 안목을 기르며, 다양한 성향을 파악해 보는 것도 지혜로운 연애를 하기 위한 좋은 방법이다.

사랑이라는 감정에 빠져 행복에 젖어보기도 하고 아파보기도 하면서 성장해 나가는 것이다.

어떤 스타일의 사람이 나랑 잘 맞는 사람인지 비교할 수 있는 폭도 넓어진다.

또한 사랑이라는 감정에 대한 내면근육을 기를 수 있다.

남녀 사이에 생길 수 있는 여러 문제들을 겪어보며 사랑이라는 격한 감정에 대한 내성이 생기면 어떤 경우에든지 이성적인 사고를 할 수 있게 된다는 의미이다.

아픈 만큼 성숙해진다.

(5) 쫌… 교양 있게 행동하라.

최근, 첫만남에도 서로 마음에 들면 호텔로 가는 젊은이들이 많아졌다고 한다.

하지만 나는, 이런 사람들은 매력이 금방 떨어질 수도 있다고 생각한다.

좀 더 도도하게, 잠자리를 쉽게 허락하지 말아야 한다.

나아가 성적으로 문란한 사람이라면 남성도 여성도, 서로가 배우자로 생각하진 않을 것이다.

상대가 몸을 원한다고 해서 나를 사랑하는 것이라고 착각하지 말라고 당부하고 싶다.

만날 때마다 몸을 요구한다면 그는 나를 사랑한다기보다 몸만 원하는 사람일 확률이 높다.

자기 몸에 대한 주도권은 끝까지 자기가 가지고 있어야 한다. 상대에게 주도권을 빼앗긴다면 결국 상처만 입고 버림받을 수도 있음을 각오해야 한다.

결국 남자가 충성을 바칠 여인은, 자기를 아끼고 소중히 여기며 잠자리를 쉽게 허락하지 않는 여자이다.

너 아니어도 난 얼마든지 멋진 남자를 선택해서 사귀고 결혼할 수 있다는 자신감을 보여주자.

매력 있는 여자라면 그러한 자신감을 가질 만한 능력, 재능, 성격, 미모 등 많은 장점을 가지고 있어야 한다.

단, 자신감이 지나쳐 오만함으로 비추어지면 안 된다.

지금부터라도 자신을 갈고 닦는 자세로 자신만의 매력을 갖추도록 노력해 보자.

(6) 해맑은 미소에 순수한 영혼과 착한 마음씨를 갖춘
    귀여운 애교쟁이가 되라.
    (대부분의 남자들은 밝고 명랑한 여자를 좋아한다.)

남자들에게 이상형을 물어보면 아무래도 외모가 예쁜 여자를 최우선으로 꼽는다.

예쁘고, 성격 좋고, 능력 있고, 애교와 섹시미를 갖추었으며, 집안까지 좋다면 더 바랄 것이 없을 것이다.

즉, 남자들은 배우자를 선택할 때 첫째 외모, 둘째 성격, 셋째 능력, 넷째 애교와 섹시미, 다섯째 집안을 본다고 한다.

그래서 그런지 요즘 젊은이들은 외모에 많은 돈과 시간을 투자한다.

그러나 진정한 아름다움은 겉으로 드러나는 외모가 아닌, 내면에서 풍겨 나오는 마음에서 찾아야 한다.

마음됨됨이는 은은하게 지속되는 향수와 같다.

마음이 아름다운 여인이 정말 아름다운 여인이다.

물론, 외모를 단정하고 예쁘게 꾸밀 줄 아는 센스까지 갖춘다면 아름다움은 더욱 빛날 것이다.

(7) 가치관을 분명히 하고 자신만의 스케줄에 따라 움직여라.
종종 상대방에게 선심을 써도 매력적으로 보일 것이다.

요즘 젊은 세대의 남자들은 자신의 삶을 주도적으로 살아가는 당당한 여성을 좋아한다고 한다.

자신만의 확실한 가치관이 있어서 그 누구에게도 끌려다니지 않고 자신감 있게 행동하는 여성, 자기를 가꿀 줄 알고 자기 계발에 힘쓰는 여성을 최고의 배우자감으로 꼽는다.

자신의 스케줄에 따라 움직이면서도 가끔은 상대방에게 "좀 바쁘긴 하지만, 시간 좀 내볼게."라고 선심을 쓰는 척하라. 분명히 고마워할 것이다.

이것이 바로 진정한 여왕의 모습이라 하겠다.

상대방이 하자는 대로 무조건 순종하며 따르는, 자기 주관이 없는 여자는 매력이 없다.

이런 경우 결국 상처 받고 이별당하는 경우가 대부분이라고 한다.

(8) 사랑은 감정으로만 하면 망한다. 지략이 있어야 한다.

상대방을 좋아한다고 해도 지혜로운 연애를 위해서는 감정을 숨길 줄 알아야 한다. 굳이 고백해서 득될 것이 없다.

냉철하게 사랑해야 오히려 좋은 결과를 얻을 수 있음을 알아야 한다. 아무리 좋아도 좀 냉정하게 이성적으로 대해야 한다는 것이다.

지략을 통해 상대방으로 하여금 나를 좋아하도록 만들자.

상대를 좋아한다는 티를 팍팍 내면서 결혼하게 되면 자기도 모르게 자꾸 눈치를 볼 수밖에 없으니 피곤하고 힘든 결혼생활을 할 수밖에 없다.

언젠가 나에게 상담을 의뢰한 분이 있었는데, 지금의 남편을 너무 좋아해서 먼저 결혼하자고 했단다.

마침 사랑하는 여자와 헤어져서 힘든 상황이었던 남자는 착한 여자가 결혼하자고 하니 그냥 결혼을 했다는 것이다.

결혼 후에도 남편은 마음을 잡지 못하고 사랑했던 여자와 헤어진 5월이 되면 마음 아파하고 방황을 했다고 한다.

아이를 셋이나 낳았지만 서로 사랑해서 결혼한 상태가 아니기 때문에 마음이 너무나 힘들다고 했다. 또한 남편이 지저분한 것을 싫어해서 항상 깔끔한 상태로 집을 유지해야 한다면서 육체적으로도 너무 힘들다며 고통을 호소해왔다.

이혼을 하고 싶다는 생각으로 나를 찾아왔었지만, 나와 상담을 한 후에는 이혼하지 않고 다시 잘살아보겠다며 감사하다고 눈물을 흘렸다. 옆에서 보기에 참 딱하고 안타까웠다.

감성적인 연애는 결국 자신의 인생을 망칠 수도 있음을 잊지 말자.

(9) 만일 운명적인 사람을 만났다면….

상대방의 조건이 많이 기울어도 너무 사랑해서 모든 것을 포기하고 결혼하는 경우도 있다.

그만큼 상대가 가치 있다고 생각이 되고, 그 사람이 없으면 죽을 것 같은 운명적인 인연을 만났다면 조건을 초월하는 사랑을 할 수 있다는 것이다.

그러나 운명적인 사랑에 빠질 수 있는 가능성은 희박하다. 확률로 본다면 1,000명에 1명 정도라고 한다.

만약 운명적인 상대를 만났다면 구태여 나를 좋아하게 되도록 노력할 필요 없이, 모든 조건을 초월하는 사랑을 할 수 있다. 이런 운명적인 사랑을 할 수 있다면 그야말로 행운이다.

6 관계가 진전되기 전에 체크해야 할 것들

(1) 결혼에 관한 현실적인 문제를 상의해 볼 것

결혼을 하기에 현실적으로 맞지 않는다면 더 좋아지기 전에 헤어져야 한다.

우리교회 성도 중에 30대 후반의 남성이 있다.

그는 여러 여성을 만나봤지만 한번 보고 아니면 그것으로 끝이었다. 내가 좋은 아가씨를 소개해 주기도 했으나 역시 한번 보고 끝이었다.

그런데 얼마 전, 마음에 맞는 아가씨를 소개받았다고 좋아했다. 그리고 만난 지 한 달 만에 자신의 형편이나 상황을 모두 얘기한 다음, "나는 당신이 아니면 평생 혼자 살 것 같다."며 프로포즈를 했다는 것이다.

아가씨는 조금 망설이는 듯했지만 남자의 진실함과 성실함, 깊은 신앙심에 감동했고, 기도를 해본 후 결혼하기로 결정했다는 것이다. 그래서 만난 지 두 달 만에 예식장을 알아보러 다닌다고 했다.

좀더 사귀어 보고 천천히 얘기해도 될 것을 왜 그리 서둘렀냐고 내가 묻자 그의 말이, "아니면 빨리 마음을 접으려구요. 더 좋아지기 전에요."였다.

얼마나 지혜롭고 현명한 선택인지….

마음속으로 박수를 보냈다.

그렇다! 결혼은 현실이다.

현실적인 문제들이 타협이 안 되면 미련을 남기지 말고 일찌감치 헤어지는 것이 지혜로운 선택이다.

(2) 양가 부모님도 서로 맘에 들어하시는지 알아볼 것

결혼은 가족과 가족의 만남이다.

그러므로 결혼할 사람이 부모님 눈에 들지 않는다고 하면 갈등이 심해진다.

이러한 반대를 극복하고 결혼한다면 뜻하지 않는 스트레스가 많이 생길 것이다.

어른들의 눈은 거의 정확하다.

내가 결혼하고 싶은 사람이라며 남편을 집에 데려갔을 때 울 엄니는, "눈에 성질이 있네."라고 반대를 하셨다.

나는 남편의 눈이 날카로워서 더 매력적으로 느꼈었는데,

결혼해 보니 엄마 말이 맞았다. ㅎㅎ

남편은 성질이 대단한 사람이었다.

(3) 상대가 결혼생활을 끝까지 감당할 만큼 책임감이 있는 사람인지 생각해 볼 것

사랑은 서로를 평생 책임지는 것이다.

책임감이 없는 사람은 아무리 잘생기고, 매력이 있고 능력이 있어도 배우자감으로는 위험하다.

나는 결혼생활이 힘들어 포기하고 싶을 때마다 스스로에게 "사랑은 책임지는 거야." 하고 주문처럼 말하곤 했다.

밖으로만 나돌던 남편에게도 "자기야, 사랑은 책임지는 거

야." 하고 여러 번 당부했다.

흔히 사랑이란 영원히 변하지 않을 감정이라고 착각하지만, 결국 감정은 출렁이는 물과 같아서 이리저리 흔들리고 만다.
죽을 만큼 사랑해서 결혼한 사람들도, 살다 보면 사랑했던 감정은 점점 사그라들고 숨어 있던 빙산의 아랫부분처럼 현실적인 문제들이 점차 드러나기 마련이다.

하지만 시간이 지날수록 정이 들어가는 것 또한 부부관계의 특징이다.
세월이 흐르면서 미운 정 고운 정이 들고, 사랑은 열매처럼 무르익어 간다.

사랑의 감정이 예전같지 않다고 상대를 원망하기도 하는데, 이는 사랑이 익어가는 자연스러운 과정이다.
나이가 들어감에 따라 사랑의 색깔도 바뀌는 것이다.
처음엔 활활 타오르는 불같이 격정적인 사랑을 하지만, 아이를 낳고 삶을 공유하면서 잔잔하지만 깊은 사랑으로 변해 간다.

그럼에도 사랑의 불씨가 항상 잔재해 있는 것이 부부의 사랑이다.

그렇다면 결혼생활을 지탱해 나가기 위해 가장 중요한 능력은 무엇일까? 바로 "책임감"이다.

살다 보면 배우자에게 짜증이 나기도 하고, 싫어지기도 하고, 질려버리기도 하고, 실망하기도 한다.

그런 위기 속에서 결혼생활을 지탱해 나가는 가장 강력한 무기는 바로 책임감이다.

결혼할 때 했던 서로에 대한 서약을 지키고자 하는, 그리고 자신의 선택을 책임지고자 하는 마음인 것이다.

얼마 전, 어떤 분과 전화로 이런저런 얘기를 했다.

그분은 성격이 맞지 않는 등의 부부문제로 평생 골머리를 앓고 산다고 했다.

그토록 맞지 않음에도 불구하고 자신이 선택한 사람이고 아이들의 엄마이기 때문에 책임감을 가지고 산다는 것이다.

책임감 없는 사람은 절대 배우자로 선택해서는 안 된다.

평생 눈물과 한숨으로 보내거나 얼마 안 가서 이혼도장을 찍게 된다는 것을 꼭 기억하기 바란다.

사랑은 감정만으로 하는 것이 아니다.

냉철한 이성과 절제의 능력으로 사랑해야 한다.

이것은 모든 인간관계에도 해당되는 사항이다.

(4) 내가 존경할 면이 있는지 찾아볼 것

최근, 내가 존경할 수 있는 사람과 살아보고 싶다고 말하는 여성들이 늘어나고 있다.

배우자에게 존경할 면이 있다면, 조금 부족한 부분이 있더라도 이해하고 살아갈 수 있다는 것이다.

나도 입버릇처럼 "존경하는 사람과 살고 싶다."고 했었는데, 그 바람을 이룬 것 같다.

남편은 자신의 일에 성실하게 임하며, 나만 바라보는 한결같은 마음의 소유자이다.

또한 자신을 변화시키기 위해 부단히 노력하는 모습을 보면 저절로 존경심이 느껴진다.

남편에게 존경할 면이 많을수록, 결혼생활에 대한 아내의
만족도도 높아진다.

(5) 바람기가 있는지 체크하라.

"제 버릇 개 못 준다"는 옛말이 틀리지 않다.

바람기는 못 고치는 병이다.

만약 이런 사람과 만나고 있다면, 결혼생활을 하기엔 부적
절한 사람임을 깨닫고 하루빨리 연애의 종지부를 찍으라고
권하고 싶다.

아무리 매력적인 사람이라도 하루빨리 뒤돌아서기 바란다.

7 사랑하는 이에게 말했다가 후회하게 되는 얘기들

(1) 과거의 연인들에 대하여 굳이 이야기할 필요는 없다.

과거의 연인에 대해 미주알고주알 말하지 말아야 한다.

특히, 많은 남자를 사귄 여자의 과거를 흔쾌히 이해해 주는

남자는 거의 없다. 결혼을 하더라도 계속해서 이 문제를 가지고 괴롭힐 것이다.

수많은 과거를 가진 여자에게 충성을 다할 남자는 없다.

(2) 집안의 우환이나 핸디캡에 대해 굳이 말할 필요는 없다.

가난했던 이야기, 부모님의 복잡한 사생활, 집안 대대로 내려오는 어려운 일 등은 나중에 자연스럽게 알게 되더라도 스스로 먼저 말할 필요는 없다.

사랑하기 때문에 이해해 줄 거라는 생각은 버려라.
사랑이 식었을 때 오히려 나의 약점이 될 수 있다.
본인은 물론, 집안까지도 무시당할 수 있다.
"나는 그냥 평범하게 자랐어." 이 정도로만 얘기하고 지나가야 한다.

(3) 어릴 적 트라우마나 상처를 굳이 얘기할 필요는 없다.

정신과 신체가 건강하지 않는 사람은 배우자로서 꺼리기 마련이다.

처음에는 이해하고 넘어간다 하더라도, 사이가 안 좋아지면 너 때문에 이런 문제가 생긴다며 몰아붙이고 상처를 줄 수도 있다.

(4) 재정상태에 대해 구체적으로 설명하진 말자.

재정상태가 좋다고 자랑처럼 얘기하면, 그 돈으로 편히 살려고 노력하지 않는다든지 집안 재정에 관심을 가지지 않고 도움을 주지 않을 수도 있다.

반대로 너무 가난하다고 하면, "내가 모든 것을 짊어져야 하는구나." 하고 도망갈 수도 있다.

재정상태를 물어보면, "그냥 보통이야."라고 적당히 넘어가도록 하자.

(5) 좋아한다고 너무 자주 고백하진 말자.

남자들은 자신을 좋아하는 여자에게 공을 들이지 않는다.

주도권을 내어주는 격이니, 이런 어리석은 행동은 하지 말

것을 부탁하고 싶다.

이런 경우, 상대적으로 자신이 손해본다고 생각하여 떠날 수도 있다.

너무 사랑해서 정 주고 마음 주고 몸 주고 헌신한 여자를 헌신짝 버리듯 버리고 떠나는 남자들을 주변에서 많이 보았다.

(1)~(5)까지는 정신을 바짝 차리지 않으면 무심결에 얘기할 수도 있는 것들이다.

하지만 사랑이 식었을 때 멸시당하고 공격할 수 있는 빌미를 제공하는 것이기에 주의해야 한다.

이런 말들로 인해서 사랑하는 사람을 떠나보낼 수도 있다는 것을 명심해야 한다.

(6) 그렇다면 왜 사랑하는 상대에게 자신에 대한 모든 것을 진실되게 얘기하면 안 되는 걸까?

사랑하는 사람에게 솔직하게 말함으로써 내가 얻게 되는 이득은 속시원함과 잠깐의 위로일 뿐임을 알아야 한다.

비겁한 남자들은 자신이 불리한 상황에 놓이게 되면 이러한 것들을 여자를 공격하는 빌미로 삼을 수 있다.

남자는 궁금한 것에 대해 매력을 느낀다.

또한 정복하려는 본능이 있기 때문에 이미 정복한 여자에게는 흥미를 잃어버린다고 한다.

그러므로 굳이 많은 정보를 주어서 스스로 매력을 잃어버리는 일은 하지 말자.

나의 핸디캡이나 나의 허물은 가릴 줄 알아야 한다.

아무리 사랑해도 언제든 헤어질 수 있는 것이 바로 남녀관계이기 때문이다.

8 헤어지지 않는 연인들의 비밀

연인들이 오래 사귀다 보면 서로의 단점을 너무 잘 알게 되고 단점이 크게 보이며 신비감도 사라지게 된다.

상대방이 시시하게 보이고 긴장감이 없어지고 자주 싸우게 되며 결국 헤어지게 되는 것이 일반적인 패턴이다.

그럼에도 불구하고 오랜 연애에도

헤어지지 않는 연인들에게는

다음과 같은 특징이 있다.

(1) 식성이 비슷하다.

먹는 취향이 비슷해서 좋아하는 음식을 함께 먹다 보면 어느새 서로에게 쌓인 스트레스가 확 풀린다.

(2) 사랑의 놀이에서 서로 잘 맞아 기쁨과 쾌락을 공유한다.

서로가 만족스러운 잠자리로 인해 사랑의 감정이 극대화되며, 깊은 하나됨과 행복감을 느낄 수 있다.

(3) 깊은 대화가 가능하다.

상대의 잘못을 지적하거나 비난하는 것이 아닌, 어떠한 결론을 내주려는 대화가 아닌, 있는 그대로 상대방을 인정해 주고 받아 주는 깊은 대화가 가능한 커플이라면 쉽게 헤어지지 않는다.

항상 나를 응원해 주고 내 편이 되어주는 상대가 있다면 정말 행복한 커플이 될 것이다. 이른바 소울메이트이다.

반면, 모든 대화가 서로를 지적하거나 비난하며 자신이 원하는 대로 결론을 내려는 쪽으로 이어진다면 관계가 오래 지속되기 어렵다.
서로 원수처럼 지낼 확률이 높다.

(4) 서로를 향한 신뢰감이 형성되어 있다.

깊은 동지애를 바탕으로 서로에 대한 믿음이 확고한 커플은 절대 헤어지지 않는다.

9 연인이 우울증이나 정신적인 문제를 가지고 있는 경우에는 어떻게 해야 할까?

연인이 우울증이나 공황장애 등 정신적인 문제를 가지고 있다면 나의 삶 또한 피폐해질 수 있다.

정말 이 사람이 없으면 죽을 것 같다는 생각이 들어도 신중하게 생각해 봐야 한다.

일단 배우자가 이런 문제를 갖고 있다면 내가 양보하고 배려하는 삶을 살아야 한다.

그렇지 않으면 관계에 금이 가고 깨어지기 쉽다.

외롭고 힘든 사랑이 될 것이다.

하지만 아주 절망적인 것은 아니다.

이러한 상황을 이겨내기 위한 방법을 알아보자.

첫째, 상대방의 신뢰를 얻는 것이 첫 번째 단계이다.

둘째, 정보를 수집하고 계속 공부해야 한다.

셋째, 왜 이런 문제가 발생했는지 원인을 파악하자.

어린 시절 부모님의 양육방식과 가족들의 병력을 알아보고, 유전적인 것인지 후천적인 것인지 등 문제의 원인을 찾아야 상대를 더 잘 이해할 수 있다.

넷째, 환경을 바꾸어 주자.

기질적으로 우울함이 강한 사람이라면 환경을 밝게 바꾸어 주자. 될 수 있으면 단순하고 깨끗한 환경이 도움이 된다.
인테리어나 가구 등도 신경 쓰는 것이 좋다. 깔끔한 디자인의 밝은 색 커튼이나 가구를 권하고 싶다.

다섯째, 최대한 상대방에게 맞춰 주어야 한다.

예를 들어 남편이 화려한 옷을 좋아한다면 되도록 남편을 위해 화려한 옷을 입도록 하자.
이러한 시도를 통해 상대방에게 항상 배려받고 존중받고 있다는 느낌을 주도록 하자.

또한 가정이 편안한 안식처가 되도록 배려해 주어야 한다.

마치 엄마가 자식을 돌보듯, 섬세한 부분까지 도와주며 스트레스 상황에 놓이지 않도록 노력해야 한다.

여섯째, 상담이나 정신과 치료 등 전문가의 도움을 받자.

일곱째, 긍정의 피드백이 항상 필요하다.

긍정적인 말 등은 예민한 사람들을 안정시키는 데 도움이 된다.

작은 성취에도 칭찬해 주고 용기를 북돋워 주어야 한다.

인생에는 기쁨과 우울이 공존한다.

일반적으로 환경이 변하거나 강한 스트레스 상황에 놓일 때 우울을 경험하는 경우가 많다고 한다.

개인적으로 우울감이 좀 강한 사람들도 있지만, 극심한 병증이 아닌 이상 정상의 범주에 든다는 것을 상기시켜 주어야 한다.

대체적으로 우울증이 있는 사람은 섬세하고 예민하며 감성이 풍부하다. 이러한 특징으로 인해 심오한 철학적 사고를 하는, 이른바 천재라고 불리는 사람들도 종종 찾아볼 수 있다.

우울증은 결국 스스로 빠져나와야 하는 수렁과 같다.
마음을 알아주고 적절히 대처해 주며, 우울감에서 빠져나오고자 하는 의지를 가질 수 있도록 도와주자.
세상을 우울이 아닌 다른 페러다임으로 볼 수 있는 눈을 열어줘야 한다.

여덟째, 신앙생활은 너무 중요하다.

예배를 통한 영적인 감동은 엔돌핀의 4,000배 효과를 내는 다이돌핀을 생성시키며, 몸과 마음과 영혼을 회복시키는 놀라운 힘이 있다는 것이 과학적으로 증명되었다고 한다.

나는 사역을 하면서 우울증 있는 분들을 자주 접하며, 그들과 함께 기도와 예배를 드리면서 신앙의 힘으로 회복과 치유를 경험한다.
10년 이상 우울증에 시달리며 밖에도 잘 나가지 못하던 성

도가 있었다. 아이를 돌보는 일도, 심지어 집 근처 슈퍼에 가
는 것조차 힘겨워하던 분이었다.

　그런데 나와 함께 1년 정도 기도하고 예배드리며 신앙생활
을 하면서 우울증이 싹 사라졌다고 한다.

　지금은 사업체를 운영하는 커리어우먼이 되어 각종 모임에
참석하는 등 활발하게 사회활동을 하고 있다.

　서로 힘을 합하여 문제를 해결하게 되면 더 행복하고 건강
한 관계로 나아갈 수 있다.

정말 사랑하는 사람이라면

쉽게 포기하지 말고

문제해결을 위해 노력해 보자!

10 내 연인이 나르시시스트라면 어떻게 해야 할까?

'자신감'이란 어떤 일을 스스로의 능력으로 충분히 감당할 수 있다고 믿는 마음이다.

자신감 있는 태도는 연인에게 큰 호감을 불러일으킨다.

반면 '자만심'이란 스스로를 자랑하거나 뽐내는 마음으로, 자만심이 넘쳐흐르면 나르시시스트가 된다.

나르시시스트는 나르시시즘(narcissism) 또는 자기애(自己愛, self-love)에 빠진 사람을 말한다.

나르시시즘은 외모나 능력 등이 스스로 지나치게 뛰어나다고 믿는, 자기중심적인 성격을 갖는 것을 말한다.

이 단어는 물에 비친 자신의 모습에 반해 물에 빠져 죽었다는, 그리스 신화에 나오는 나르키소스의 이름을 따서 만들어졌다.

정신분석학에서는 나르시시즘을 인격적 장애증상으로 본다.

나르시시스트는 자신을 완벽한 사람으로 여기며 환상 속에서 만족을 얻는다고 한다.

자신의 능력을 과대평가하고 과시하기를 즐기다가 다른 사람보다 뒤처진다고 생각되면 지나치게 풀이 죽거나 자기비하를 하기도 한다.

무엇보다 문제가 되는 것은 자기중심적인 생각으로 모든 것을 판단한다는 사실이다. 그야말로 눈아래에 보이는 사람이 없는, 안하무인의 대명사인 것이다.

나르시시스트는 열등감이 강하고 자존감이 매우 낮으며 두려움이 많고 예민하다. 특히 사람들의 시선에 아주 예민하다.

이들은 자신이 무시당하는 상황에 몰리면 상대를 공격하고 모든 책임을 뒤집어씌운다.

아무것도 책임지려 하지 않고 사과하지 않으며 당당하다. 잘못을 시인하는 것은 너무나 고통스러운 일이기 때문이다.

상대를 먹잇감으로 보고 이용하는 인격장애자들이다. 양심이 없는 사람들이다. 사람을 대할 때 진심이 없으며, 자기가 필요할 땐 이용하고 필요없어지면 가차없이 버린다.

이들은 대부분 어릴 적 부모와의 사이에 건강한 애착이 이루어지지 못하고 비판과 학대 속에 자란 사람들이다. 학대받는 중에 상처를 통해 어둠의 영에게 잠식된 것으로 보인다.

특히 위험한 것은 영리하거나 전문적인 직업을 갖거나 매력적인 외모를 가지고 있는 나르시시스트이다.

이들은 자신만을 사랑하는 자아도취적인 면이 크다.

그러나 이들이 가진 장점 때문에 많은 사람들이 쉽게 미혹되고 착취당하면서도 이들을 떠나지 못하는 경우가 많다.

또한 교묘하게 사람을 속이기 때문에 이들의 생각을 눈치채기도 쉽지 않다.

이들은 힘있는 사람에게는 두려움을 느끼고 복종하지만, 자신이 우위라고 생각되는 순간 무시하고 비협조적인 행동으로 괴롭힐 것이다. 인격을 짓밟고 함부로 하려 들 수도 있다.

이런 사람들이 나를 이용하려 하면 단호하게 호통을 쳐 끊어내야 한다.

나는 목사의 아내로서 영적인 사역을 하다 보니 가끔 심각한 상태의 나르시시스트를 만날 때가 있다. 그럴 때는 오싹함을 느끼기도 한다.

만약 이런 사람과 연애를 하고 있다면, 아무리 죽을 만큼 사랑한다 해도 당장 헤어지라고 권하고 싶다.

나르시시스트를 감당할 수 있는 사람은 거의 없다.

이들은 악마가 빙의된 것같이 내면이 공허하다. 아무리 사랑을 주어도 사랑을 느끼지 못한다. 오히려 조롱할 수도 있다.

나르시시스트를 변화시키려면 살신성인의 정신으로 거의 도를 닦듯 살아야 한다.

사랑과 인내로 모든 수모를 참으며, 평생을 희생하거나 몇십 년을 기다려야 할지도 모른다.

그러나 진정한 사랑은 두려움을 내쫓는다고 한다.

희생과 인내, 영적인 권세와 사랑, 지혜를 가지고 이들을 잘 다룬다면 조금씩이라도 변화하는 것을 느낄 수 있다.

나는 이런 이들에겐 신앙의 도움을 받는 것말고는 방법이 없다고 생각한다.

영적인 권세를 가진 종을 만나 어둠의 영을 축출해야 한다.

실제로 나는 20년째 영적사역을 해오며 하나님의 강력한 임재와 권세로 이런 이들이 해방되고 변화되는 것을 종종 보아왔다. 이를 위해서는 끊임없는 기도와 헌신이 필요하다.

Ⅱ. 결혼(가정)의 정의

가정家庭이란 뭘까?

가정의 사전적인 뜻은, 부부를 중심으로 그 부모나 자녀를 포함한 집단과 그들이 살아가는 물리적 공간인 집을 포함한 생활공동체를 통틀어 일컫는다.

성경은, "아내인 하와를 남편인 아담을 돕는 배필로 지으셨다"고 한다.(창세기 2장 18절)

남편을 도와 아름다운 가정을 이루라는 창조주의 질서이다.

여기서 돕는다는 뜻의 '에젤'이라는 히브리어는, 천사처럼 또는 하나님처럼 돕는다는 의미를 가지고 있다.

남자와 여자는, 인격은 동등하되 역할은 다르다.

남자로서 또는 여자로서, 역할을 잘 감당하려면 서로의 도움이 필요하다.

"이러므로 남자가 부모를 떠나 그 아내와 연합하여
한몸을 이룰지로다"(창세기 2장 24절)

이것이 성경이 말하는 결혼의 정의이다.

둘이기도 하지만 하나이기도 한 신비로운 존재가 바로 부부인 것이다.

부모를 떠나 남녀가 하나됨을 경험하게 되는 것이 결혼이요, 가정이다.

결혼은 부모를 정신적으로 육체적으로 경제적으로 떠남으로써 시작되어야 한다.

부모를 완전히 떠나지 못하면 불화의 원인이 되기도 한다.

가정은 부부가 서로를 도우며 서로를 세우며 행복하고 아름다운 보금자리를 만들어가며 완성된다.

암수가 연합할 때 생명창조의 기적이 일어난다.

새들이 어미를 떠나 자신만의 둥지를 만들고 새끼를 낳아 기르는 것처럼 결혼은 자연의 섭리이다.

가정은 새로운 생명탄생의 거룩한 처소임을 알아야 한다.

인간은 자연의 일부로 살아갈 때 가장 행복하고 편안함을 느낀다.

결혼을 통해 인간은 비로소

진정한 인격 성숙을 이룰 수 있고,

인생의 참의미를 깨달을 수 있다.

Ⅲ. 좌충우돌, 나의 결혼 이야기

나는 결혼에 대한 사전지식이 전혀 없는 상태에서 결혼을 했다. 남편과 함께 있는 것이 행복해서 깊은 고민 없이 무작정 결혼한 것이다.

이후 26년의 결혼생활 동안 갈등과 후회와 눈물과 한숨과 고통 속에서 살아야만 했다.

나의 결혼은 '행복 끝, 불행 시작!'이라 정의한다 해도 과언이 아니다.

행복해지기 위해 결혼했는데, 결혼하기 전보다 불행하고 또 불행했다.

나는 결혼 후에도 연애할 때처럼 여왕의 위치에서 살아갈 것을 꿈꾸었지만 현실은 나를 한 가정의 식모로 전락시켰다.

남편과 나는 모든 것이 반대였고 달라도 너무 달랐다.

연애할 때는 문제가 되지 않았던 조건들도 결혼을 하고 나자 크나큰 문제로 변해버렸다.

결혼하고 3개월 동안 울며 지냈다.

"내가 속았어. 결혼 잘못 했어." 하고.

우리는 자라온 환경과 집안의 문화, 성격, 음식, 취향, 가치관, 생활습관 등에서 일치하는 것이 거의 없었다.

남편은 시골에서 착하게 성장해온 사람이었다. 그야말로 순박한 컨트리맨이었다.

반면, 나는 전형적인 도시 여자였다. 학원에서 아이들을 가르쳤던 나는 옷 잘 입기로 소문난 멋쟁이였다.

남편은 식당에서 된장찌개, 돌솥비빔밥 등을 먹는 것을 좋아했다.

나는 피아노 라이브 음악을 좋아하여 소위 분위기 있는 레스토랑만 찾아다녔다.

남편은 생선을 좋아하고, 나는 고기를 좋아한다.

남편은 급하고 참지 못하는 성격이고, 나는 조용하고 차분한 성격이다.

결혼 전 살림을 해본 적이 없던 나는 가정생활에 너무도 서툴렀다.

나는 2남 1녀 중 외동딸로, 8개월 만에 난산으로 태어났다.

어릴 적부터 몸이 약하고 잘 아팠기에 부모님은 나를 애지중지 키우셨다. 엄마는 밥은 물론 방청소에, 속옷까지 다 빨아 서랍에 넣어 주셨다.

나는 그저 책 보고 공부하고 직장 다니는 것에만 신경을 썼다. 일요일에는 교회에 가서 아이들을 가르쳤고, 배우는 것을 좋아해서 항상 바쁘게 살았다.

그랬기에 결혼은 했지만 설거지밖에 할 줄 몰랐고, 음식이라곤 밥과 된장찌개, 반찬 몇 가지 만드는 것이 전부였다.

물론 김치는 담가본 적도 없다.

결혼 초에는 가까이 사는 시누이가 김치를 가져다 주었고, 친정엄마의 도움도 많이 받았다.

28세의 철부지였던 나는, '결혼이 이렇게 힘든 줄 알았으면 하지 말걸….' 하고 어이없는 생각도 했었다. ㅎㅎ

결혼을 하고 나니 무슨 집안일이 그렇게 많은지…. 막막함에 눈물만 났다.

친정엄마에게 전화를 걸어 하소연을 하기도 했다.

"엄마, 살림이 너무 힘들어서 못 하겠어."

그러자 친정엄마는 2주 동안 서울에서 인천을 오가시며 나에게 살림을 가르쳐 주셨다. 결국은 본인이 다 해 주셨지만….

결혼생활은 생각보다 재미없었고, 노동으로 넘쳐나는 '체험 삶의 현장'이었다.

충청도 양반인 남편은 꼼짝도 하지 않았다.

밥상을 차려서 눈앞에 대령해야 식사를 했고, 당연히 뒷정리와 설거지도 내 차지였다.

남편은, "남자와 여자는 할 일이 따로 있어. 남자는 밖에서 돈을 벌어오고, 여자는 안에서 살림을 하고. 이렇게 분리해서 살아야 해." 하고 말하는 어이없는 지론의 소유자였다.

나는 아들 둘에 양념딸로, 오빠와 남동생이 있었다.

남편은 딸 넷에 아들 둘로 이루어진 6남매 중 막내였다.

그러니 우리 둘은 공주와 왕자가 만나 결혼을 한 것이었다.

특히 남편은 막내라서 봐주는 게 많았고, 심지어 시어머니는 새벽같이 일어나 밥상을 차려놓고, 식사 후에는 숭늉까지 대령하며 아들을 챙겨주셨다.

나도 이 일을 이어받아 시어머니처럼 밥상 차리고 숭늉까지 대령해야 하는 신세가 된 것이다. ㅠㅠ

결혼 전 남편은 나를 매일 만나러 왔고 내가 원하는 것은 무엇이든지 다 해 주었다.

퇴근 시간엔 꽃다발을 한아름 준비하여 내가 일하던 학원

앞에 서서 기다렸다. 남편은 나를 공주처럼 대해 주었고 사랑해 주었다.

남편의 열렬한 구애에 나는 마음의 문을 열었다. 이렇게까지 나를 아끼고 사랑해 주는 사람은 다시는 만나기 힘들 것 같았다. 그리고 결혼 후에도 남편이 지금처럼 공주대접을 해 줄 것이라고 생각했었다.

우리는 결혼에 대한 사전지식 없이 결혼식을 하고 신혼집과 살림살이만 마련한 채 부부가 되었다.

결혼 전 공주였던 나는 결혼과 동시에 하녀가 되어버렸다.

억울하고 화가 나서 얼마나 울었는지 모른다.

그렇다고 안 살 수도 없고, 눈물만 났다.

하지만 남편에게 내색하지는 않았다.

한숨과 함께 결혼생활이라는 긴 항해가 시작되었다.

"연애는 환상이고 결혼은 현실이다."라는 말이 실감나는 하루하루였다.

반면 남편은 나를 보면 항상 입이 귀에 걸렸다. 남편은 예쁜 아내를 맞이한 행복감에 마냥 젖어 있었다.

남편이 나를 사랑하고 있는 것은 확실했지만, 6남매의 막내로 자라서인지 상대를 챙기는 것보다 챙김을 받는 것을 당연하게 생각했다.

그런 남편에게 화가 났지만 참고 살 수밖에 없었다.

나의 꿈은 6살 때부터 현모양처였기에 모든 것을 참았다.

어쨌든 나는 좋은 아내가 되기 위해 노력했다.

그러나 우리의 결혼생활은 평탄치 못했다.

서로 사랑 받기만 원했기 때문에 다툼과 원망이 넘쳐났다.

하지만 내 인생과 내 행복을 포기할 수 없었기에 이를 악물었다. 어떤 일이 있어도 행복한 가정을 만들고 말겠다고 다짐했다.

나는 결혼생활을 성공으로 이끌기 위해 공부를 하기 시작했다. 결혼과 자녀교육에 대한 것들은 물론 연애학, 심리학, 성性에 관련된 책까지…. 열심히 읽고 강의도 찾아서 들었다.

이론과 실제는 많이 달랐지만, 나름대로 적용해 보며 경험을 쌓았다.

그 결과 나도 남편도 많이 성장했다.

지금 우리 부부는 꽤 안정된 결혼생활을 하고 있다.

나는 남편을 칭찬하고 남편은 내게 존경을 표한다. ㅋㅋ

"당신은 정말 대단한 여자야. 존경해."

내가 완벽해서가 아니다. 그 험난한 세월 동안 자신을 포기하지 않고 노력해 준 것이 고맙다는 것이다.

54세가 되어서야 깨달은 모양이다.

이제 남편은 물심양면 나를 돕는 협력자가 되었다.

설거지, 빨래, 청소, 심부름 등 집안일을 알아서 돕는다.

2024년, 우리는 결혼 26주년을 맞이하였다.

이미 걸어온 길, 걸어가고 있는 길, 그리고 앞으로 걸어가야 할 길을 돌아보며 많은 생각에 잠긴다.

연애가 힘겹게 느껴지는 분들,

결혼을 앞두고 있는 분들,

그리고 결혼생활에 어려움을 겪고 있는 분들에게

저의 작은 경험담이 도움이 되었으면 좋겠습니다. ^^

"엄마, 나 결혼할래."

나는 남편과 결혼해야겠다고 결정하고 바로 날짜를 잡았다. 그것도 최대한 빠른 날을 택해서.

당시 28세였던 나는 결혼이 늦은 편이었다.

물론 요즘에는 더 늦은 나이에 결혼하는 경우도 많지만.

친구들은 24~26세 사이에 거의 결혼을 했다. 아이도 빨리 낳아야 하니 가을까지 결혼을 미룰 수가 없었다.

엄마는 결혼을 서두르는 내가 얄미운 모양이었다.

"가을에 하지 그러니?"

"싫어. 어차피 할 건데 빨리 하는 게 낫지." 하는 철부지딸의 모습에 엄마는 섭섭한 기색이 역력하였다.

엄마의 마음은 아랑곳하지 않은 채 나는 결혼을 급하게 추진하였다.

지금 생각하면 정말 철이 없었다는 생각이 든다.

엄마가 얼마나 서운하셨을까?

1998년 6월 6일 서울, 남편을 어릴 적부터 지켜보신 목사님의 주례와 나를 어릴 적부터 보아오신 목사님의 축사로 가족, 친지, 친구들의 축복을 받으며 결혼을 했다.

1년 3개월의 연애를 뒤로하고….

남편과 나는 가진 것이 없었다. 남편은 가난한 성직자였고 나 또한 모아놓은 돈이 없었다.

아버지의 사업이 부도를 맞아 집안이 어려워지는 바람에 2~3년간 생활비를 보태야 했고, 상담학, 컴퓨터, 유아교육 등을 공부하며 학비도 직접 해결해야 했다. 친구들을 좋아했던 나는 선물을 주는 것도 아끼지 않았다.

이렇듯 버는 족족 돈을 다 써버린 상태였다.

'돈은 쓰고 없어지면 다시 벌면 된다. 하지만 배움은 없어지지 않고 실력과 스팩으로 쌓인다. 인생을 살아가는 데 재산이 된다.' 이것이 나의 신념이었다.

결국 우리는 가난한 신혼생활을 시작했다.

인천 작전동에 1,500만 원짜리 전셋집을 얻었다. 700만 원은 남편의 누나들이 막냇동생을 위해서 빌려준 돈이었다.

방 2칸에 꽤 넓은 거실과 화장실이 있는 2층 다세대주택이 우리의 신혼집이었다.

나는 결혼하고 두 달 정도 살림에 적응하기 위해 일을 쉬었다. 그러다 보니 금방 좀이 쑤셨다.

형님네 아이들인 초등학교 4학년과 6학년 조카, 그리고 그 아이들의 친구 1명을 데리고 집에서 공부방을 시작했다.

공부방은 금방 입소문이 나서 6개월 만에 19명이 되었고, 당시 돈으로 85만 원~120만 원 정도를 벌었다. 그 돈으로 생활도 하고 빚도 갚았다.

남편은 교회에서 학생회를 맡고 있었는데, 40만 원 정도의 사례비를 받았다.

결혼 3개월 만에 아기가 생겼다. 임신 9개월까지 공부방을 계속했고 출산하고는 겨우 한 달을 쉬었다.

없는 살림에 힘들기도 했지만 알콩달콩 신혼의 달달한 맛을 느낄 수 있는, 나름 행복한 시간이었다.

그 일년이 내 결혼생활 중 가장 편안하고 행복했던 시간이 될 줄은 꿈에도 몰랐다. ㅠㅠ

인생을 살아가다 보면 중요한 것들이 많이 있지만 솔로몬이 하나님께 일천번제를 드린 후 '지혜'를 달라고 청한 것을 보면 지혜가 인생에서 중요한 가치를 지녔음은 확실하다.

지혜 없는 정치인, 지혜 없는 부자, 지혜 없는 선생님, 지혜 없는 학생, 지혜 없는 아내, 지혜 없는 남편…. 이 세상이 지혜 없는 사람들로 가득 찬다면…. 생각만 해도 끔찍하다.

음식에 소금이 들어가야 완전한 맛을 낼 수 있는 것과 같이 지혜는 우리의 삶에 없어서는 안 되는 덕목 중 하나이다.

행복하고 안정된 가정을 이루기 위해

지혜로운 아내가 되는 것은

너무너무 중요하다.

Ⅳ. 지혜로운 여인이란?

지혜로운 여성은

남자를 당당하게 세우고

가정을 아름답게 세운다.

그렇다면 지혜로운 여인은 어떤 모습일까?

첫째, 상대의 마음의 소리를 들을 줄 안다.

'왜 이런 말을 했을까?' '왜 이런 행동을 할까?' 하고 상대의 말과 행동에 대해 깊이 생각해 보자.

상대의 진짜 속마음이 보일 것이다.

상대의 마음을 읽는 연습을 하는 것은 부부생활을 하는 데 있어서 정말 많은 도움이 된다.

둘째, 현명함으로 관계의 주도권을 잡는다.

여기서 '주도권을 잡는다'는 말은 독재를 하라는 것이 아니다. 연애와 가정생활에 있어서 "어떤 연애를 할 것인가?" "어떤 가정을 만들어갈 것인가?"에 대한 청사진을 가지고, 심리적으로 주도적인 상태가 되어야 한다는 것이다.

그렇게 하기 위해선 무엇보다 현명함이 필요하다. 그래야 상대를 납득시켜 따르게 할 수 있을 테니까.

상황에 따라 때로는 주도적으로 움직이는 믿음직함을, 때로는 귀여운 애교를 부리며 상대의 의견을 기꺼이 따르는 모습을 보여준다면 더욱 매력적일 것이다.

셋째, 자기의 삶을 가꿀 줄 안다.

자신만의 가치관을 분명하게 세우고, 자신만의 스타일로 인생을 꾸려나가는 열정적인 모습은 매력을 증폭시킨다.

넷째, 한마디를 하더라도 예쁘게 한다.

말은 상대를 찌르기도 하고 세우기도 한다.

나는 젊은 시절 말로 남편에게 상처를 많이 주었다.
하지만 정작 나 스스로는 그런 내 모습을 잘 알지 못했다.
"나도 당신 때문에 얼마나 상처받는지 알아?" 하고 남편이 슬픈 눈으로 나를 보며 말했던 순간, 가슴이 뜨끔하면서 말문이 막혔다.
내가 상처받는 것에만 몰두하느라 남편이 상처받는 것은 염두에 두고 있지 않았던 것이다.

"미안해. 나는 당신이 상처받고 있는지 정말 몰랐어."

곰곰이 생각에 빠진 나는 나부터 변해야겠다고 생각했다.

그 이후로 원망을 멈추고, 찌르는 말을 멈추고, 고맙다는 감사와 칭찬의 말을 자주 했다.

내가 먼저 달라지니 남편도 변하기 시작했다.

험담보다는 칭찬과 격려로 상대를 아름답게 세워야 한다.

'고맙다, 감사하다, 멋지다, 행복하다'라는 단어는 많이 사용할수록 좋다.

다섯째, 긍정적인 생각과 마음을 가지고 있다.

자신과 타인을 바라보는 시선이 긍정적이면 생활이 즐겁고 스트레스 지수도 낮다.

여섯째, 주변 사람들을 잘 챙긴다.

사람들을 잘 챙긴다는 것은 곧 따뜻한 마음을 가졌다는 방증이다.

좋은 사람 곁에는 좋은 사람들이 모여든다.

일곱째, 상대에게 의존하지 않는다.

정신적인 면에서든 육체적인 면에서든 경제적인 면에서든 너무 의존하는 여자는 매력적이지 않다.
내가 모든 것을 의지할 때, 상대방은 부담감과 중압감을 느낀다.

어떤 사이든지 적당한 거리를 유지해야 건강하고 행복한 관계를 계속해서 발전시켜 나갈 수 있다.
독립체로서의 당당함을 지키며, 꼭 필요한 것만 도움을 받도록 하자.

연애나 결혼의 시작은 미술 시간에 진흙 덩어리로 이런저런 모양을 만드는 작업과 비슷하다.
처음에는 의도한 것처럼 모양이 잘 잡히지 않을 수도 있지만, 계속해서 연구하고 만들어 나가다 보면 어느새 내가 생각했던 작품이 완성된다.

연애나 결혼도
마찬가지다.
처음에는 서로
맞지 않는 점이 많아서
실망하고 다투고,
자신이 생각했던 것과는
다른 방향으로 흘러갈 수도 있다.

하지만 계속해서
노력해 나가다 보면
생각했던 모습과 비슷하게
점점 완성되어가는 모습을
볼 수 있게 된다.

연애나 결혼은

내가 만들어 나가는

나만의 예술작품임을

기억하자.

V. 평생을 함께할 배우자, 잘 고르는 법

결혼은 배우자를 만나 평생 동안 동행하는 것이다.

백세시대를 살아가는 우리는 어쩌면 60년 이상의 아주 오랜 기간을 배우자와 함께해야 하기 때문에 좋은 배우자를 선택하는 것은 당신의 인생에서 제일 중요한 일이라고 본다.

배우자는 한번 선택하면 바꾸는 것이 쉽지 않기 때문에 서로에 대해 잘 알아보고 신중하게 결정해야 한다.
남자사용설명서라도 있으면 좋으련만….
그래서 준비해 보았다.

많은 여성들이 배우자를 고를 때 중요하게 보는 사항들

1 ▶ 경제력이 있는가?

"넌 내가 평생 먹여 살릴게~"
경제적으로도 남성을 능가하는 커리어우먼의 시대가 왔건만, 배우자감이 이런 말을 해준다면 싫다고 할 여성은 없을 것이다.

남성도 마찬가지다. 능력 있는 여성에게 더욱 매력을 느낄
것이다.

지인 중에 외모가 뛰어난 3살 연하의 남자를 만나 열렬한
연애 끝에 결혼식을 올린 분이 있다.

결혼할 때는 주위의 부러움을 한몸에 받아 날아갈 듯 행복
해했지만, 살다 보니 자신보다 연봉이 적은 남편이 무능력하
게 느껴져 고민이 많다고 했다.

인간은 누구나 계산적인 면이 있다.

이것은 어쩔 수 없는 생존 본능의 한 부분이다.

2 ▶ 외모가 아름다운가?

이왕이면 뛰어난 외모를 가진 배우자를 선택하고 싶은 건 당연하
다. 보고 있는 것만으로도 기분이 좋아지니까~ ㅋㅋ

장차 태어날 2세의 외모를 위해서도 충분히 생각해 볼 만한
조건이다.

그러나 결혼하고 어느 정도 지나면 멋진 외모보다는 좋은

성격과 성품을 찾게 된다고 한다. 미남과 살아본 여자들의 이야기다.

하지만 외모가 뛰어나다고 경제력이 부족하다거나 나쁜 남자라는 생각은 편견일 수 있다. 모든 게 다 좋을 수도 있잖아~

외모는 마음에 드는데 다른 부분이 부족하다 해도 내가 너무 좋으면 할 수 없다.

내가 가정의 경제를 전부 책임져야 하기 때문에 허리가 휜다고 한들 잘생긴 남자를 원한다면 원하는 대로 해야지….

하지만 결과는 책임 못 져요. 저는요~ ㅋㅋ

3 배울 점이 많은가?

생활습관이나 가치관 등에서 뭔가 배울 점이 있는 사람은 매력적이다. 특히 나의 부족한 면을 가지고 있는 사람이라면 더욱 관심을 갖게 된다.

배울 점이 많은 남자를 찾아라.

그를 통해 당신의 삶의 모자란 부분을 채워 더욱 풍요롭게 만들 수 있을 것이다.

4 책임감이 있는가?

가정을 오래 유지하기 위해서는 무엇보다 책임감과 성실함을 갖춘 배우자를 만나야 한다.

자신이 한 말에 책임을 지는지 살펴보라.

약속을 잘 지키지 않는 남자라면 다시 생각해 보아야 한다.

결혼을 하면 약속을 더 안 지키게 될 테니까….

책임감이 강한 남자는 아이들에게도 좋은 아빠가 될 가능성이 크다.

5 언행일치가 되는가?

말만 앞서고 행함이 없는 사람, 말과 행동이 다른 사람은 가능한 한 피하는 것이 좋다.

6 말버릇이 좋은가?

말은 곧 그 사람의 인격이다.

말이 거친 사람은 대부분 성격도 거칠다.

"말만 저렇게 하는 거겠지, 마음은 아닐 거야." 하고 대수롭지 않게 넘길 일이 아니다.

말버릇이 나쁜 사람, 거친 사람은 대부분 아내를 학대한다.

7 ▶ 선한 마음(?)을 가진 사람인가?

예전에는 착한 마음을 가진 남자가 인기 배우자 순위의 상위권에 있었다.

하지만 요즘엔 착하기만 한 남자는 선호하지 않는다.

나쁜 사람들에게 이용당하기 쉽기 때문이다.

마음바탕이 착하면서도 실속을 차릴 줄 아는 사람인지 체크해 보아야 한다.

남들에게만 잘하는 사람은 손절하기 바란다.

평생 아내속을 썩일 사람이다.

모든 사람들에게 너무 착하다는 말을 듣는 사람은 호구(?)일 가능성이 크다.

8▷ 뚜렷한 주관을 가진 사람인가?

진정한 어른이라면 모든 일에 있어 자기만의 견해나 관점을 가지고 스스로 결정을 내릴 수 있어야 한다.

물론 너무 고집이 세면 곤란하지만….

이와 반대로 우유부단한 사람은 자신의 결정이라는 것이 전혀 없다.

매사에 우물쭈물…. 마누라, 속 터질 것이다.

실제로 남편의 시골 친구 중에 이런 사람이 있었다.

식사를 같이 한 적이 있었는데, 부인의 얼굴은 불만투성이였고 남편은 아내의 눈치를 보느라 바빴다.

참 답답한 마음이 들었었다.

9▷ 마마보이인가?

한때 일명 '마마보이'라는 말이 유행했었다.

마마보이는 엄마에게 강한 애착과 집착을 가지는 남자를 의미한다.

오늘은 어떤 옷을 입을지, 어떤 음식을 먹을지를 비롯해서 어떤 여자를 만나야 하는지까지도 엄마의 의견을 묻는다.

결혼 전에는 물론 결혼 후까지 시어머니의 그림자가 따라다닐 것이다.

세월이 흐른 뒤에는 시어머니 대신 부인에게 모든 것을 물어보게 된다.

"여보, 오늘 속옷은 어떤 색깔로 입을까?" ㅠㅠ

우스갯소리로 넘겨버릴 수도 있지만 결혼생활에 있어 이 문제는 생각보다 심각하다.

"마마보이는 함께 있어도 외롭다."라는 말에서 알 수 있듯이 그들에겐 항상 엄마가 우선이다.

남편과 시어머니가 너무 친하여 깊은 갈등에 빠지게 되고 결국 이혼에 이르는 경우도 상당히 많다.

어느 날, 어떤 약사분이 조심스럽게 상담을 요청해왔다.

부부가 모두 약사였으니 경제적으로도 여유로웠고, 사랑스러운 아내와 잘생기고 성실한 남편으로, 겉보기엔 아무 문제가 없는 부부였다.

그런데 실상을 알고 보니 좀 놀라웠다.

아들을 너무 사랑하다 못해 집착하기에 이른 시어머니 때문이었다.

남편의 옆자리는 언제 어디서나 시어머니 차지라고 한다.

아주 작은 예로, 길을 걸을 때 시어머니는 당당히 아들의 팔짱을 끼고 걷고 부인은 뒤에서 혼자 걷는단다.

왜 따지지 않느냐고 묻자, 아들이 효자라서 시어머니 편을 드니 부부 사이까지 나빠질 것 같아 불만을 선뜻 말하지 못하고 혼자서 끙끙 앓고 있다는 것이다.

남편 왈, "어머니가 어렵게 자신을 키워서 약사 만들었으니 아들로서 어머니의 말을 거역할 수 없다는 것이다." 그게 바로 자신이 어머니에게 하는 효도라고 했다.

나는 단호하게 말했다.

"NO! 그것은 진정한 효도가 아닙니다."라고….

자신의 어긋난 행동으로 인해 아들 부부 사이가 멀어지고 있는데 잘못을 바로잡아 주지 못할망정 부부의 불화를 조장하고 있으니, 이런 모습은 자식에 대한 어머니의 사랑이라고도 할 수 없다.

성인이 되었으면 정신적으로나 경제적으로나 육체적으로나 부모와 서서히 멀어져야 한다.

그리고 배우자를 만나 가정을 이루었으면 완전히 독립하고 새로운 가정에 충실해야 한다.

성경은 결혼에 대해 "남자가 그 부모를 떠나 아내와 한몸을 이룰지로다"라고 정의하고 있다.

그렇다. 결혼은 이제껏 키워주신 부모님의 품을 떠나는 것부터 시작하는 '우리'로서의 여행이다.

이러한 사실을 받아들이지 못한다면 배우자와 평생 갈등하는 고통 속에 살게 될 것이다.

10 ▶ 취향이 비슷한가?

취향이란 하고 싶은 마음이나 욕구 따위가 기우는 방향을 의미한다.

하고 싶은 것, 즐기는 것, 좋아하는 것, 먹는 것 등에서 취향이 비슷하면 부부생활이 즐겁다.

공유하는 부분이 많을수록 행복감이 증폭될 것이다.

또한 친밀감도 높아지고 소통도 잘 될 것이다.

반면, 취향이 너무 다르면 스트레스 지수가 높아진다.

나의 지인 중에 너무나도 다른 남녀가 만나 결혼을 한 커플
이 있다.
두 사람의 결혼생활은 갈등의 연속이었다.
시간이 흐를수록 사랑이 커지기는커녕 서로를 향한 원망만
늘어갔다. 부인은 심한 우울증까지 겪었고, 대화가 통하지 않
다 보니 남편은 점점 독단적인 사람이 되어갔다.
취향이 같은 사람을 만나는 것은 너무도 중요하다.

11 ▶ 생활환경, 경제력, 지적능력 등의 수준이 비슷한가?

사랑의 감정은 대부분 시간이 지나면서 사그라들고 결국 현
실의 상황만 남게 된다.
그래서 연애는 환상, 결혼은 현실이라는 말이 있다.

생활환경, 경제력, 지적능력 등 상대방의 수준을 따지는 것
이 왠지 속물 같아 보일 수도 있지만, 결혼은 현실을 살아가
야 하기에 고려해야만 하는 중요한 사항이다.

평생을 함께할 배우자를 선택하는 일이다.

남의 눈을 의식할 여유 따위 없다.

나와 잘 맞는지 이모저모 고려하는 것은 아무리 해도 모자라지 않다.

물론 사랑한다는 전제하에 따지자.

12 ▶ 자존심만 높지는 않은가?

자존심이란 남에게 굽히지 않고 스스로의 가치나 품위를 지키려는 마음이며, 자존감이란 스스로 품위를 지키고 자기를 존중하는 마음이다.

자존심과 자존감이 높아야 안정적인 사람이다.

자존심이 강한 남자는 매력적으로 보이기도 하지만, 너무 심하면 다른 사람들과 잘 화합하지 못한다.

자기만 옳다고 생각하고 행동하는 독선적인 이기주의자일 경우가 많다.

열등감이 강한 사람은 자존심이 상하면 공격적으로 나올 수도 있다.

한편, 자존감이 높은 사람은 정서적으로 안정되어 있다. 자기를 존중하고 사랑하기 때문에 타인 또한 존중하고 배려하는 사람이다.

안정된 가정을 꾸리기에 최상의 조건을 갖추었다.

결혼은 긴 여행이기에 살다 보면 언제 어디서 어떤 일이 일어날지 모른다. 이럴 때 자존감이 높은 사람은 빛을 발한다.

상황을 긍정적으로 바라보며 문제해결능력이 뛰어나다.

어떠한 역경이 닥쳐와도 이겨내고 다시 일어서는 회복 탄력성도 좋다.

내 남자에게 있는 것이 자존심인지 자존감인지 구분하기 어렵다면 어른들이나 친구들에게 소개하고 조언을 구해 보라.

연애 중에는 상대방에 대해 정확하게 평가할 수 없다.

당연하잖아. 눈에 콩깍지가 씌었으니까.

연애할 때는 상대방의 모든 것이 좋아보이고 모든 것이 이해될 수 있기 때문에 타인의 눈이 더 정확하다.

가까운 사람들과 함께 시간을 보내본 후 평가를 받아보기 바란다.

🥤혹시 지금 내가 자존심만 높은 배우자와 살고 있다면…

이런 사람들은 의외로 내면이 약하다.

경쟁심이 강하며 상처도 쉽게 받는다.

경쟁하며 자신을 세우는 것보다 주변 사람들과 어우러지는

것이 더 행복하며 가치 있다는 것을 깨우쳐주어야 한다.

정서적으로도 안정될 수 있도록 도와야 한다.

명상이나 기도를 하는 것도 좋은 방법 중의 하나다.

한편으로는 자존감을 높일 수 있도록 도와주자.

13 ▶ 나를 존중해 주는가?

나를 존중해 주지 않는 남자는 아예 나와 결혼할 자격이 없다고 생각하라. 평생 외롭고 비굴하게 살 확률이 높다.

지인 중에 학벌의 차이가 큰 부부가 있다.

남편은 교수이고 아내는 식당을 운영한다.

공부 좋아하는 남편을 만나 열심히 일하여 보란 듯이 대학교수를 만들었건만 남편은 아내를 존중해 주지 않는다.

아내 또한 내 덕에 대학교수 되어 잘 나가는 줄 알라며 남편

을 무시하기 일쑤다.

존중하는 마음 없이 볼 때마다 으르렁대는 이 부부에게 결혼은 곧 지옥이었다.

14▶ 너그러운 마음의 소유자인가?

우리 주변엔 의외로 속좁은 남자가 많다.

물론 여자도 많지만. ㅎㅎ

계산적이고, 손해보는 것 싫어하고….

정말 정이 안 가는 스타일이다.

여자든 남자든 마음이 너그러워야 자신과 주변 사람을 행복하게 만들 수 있다.

❦혹시 내가 속좁은 배우자와 살고 있다면…

만일 내 배우자의 속이 좁다면 어떻게 해야 할까?

좀 피곤해도 참고 살아야지 뭐.

이런 이유로 헤어진다면 당신은 속좁은 여자! ㅋㅋ

사람들의 좋은 점을 찾아보고 칭찬하는 습관을 들이도록

노력해 보라. 세상을 보는 눈도 마음도 더 넓게 바뀔 것이다.

15 ▶ 유머가 있는가?

유머를 적절하게 구사하는 남자는 누구에게나 매력적으로 느껴진다.

유머는 삶의 긴장과 스트레스를 풀어주기 때문이다.

내 남편도 유머가 많은 편이다. 그래서 나는 자주 웃는다.

어이없게 웃길 때가 많지만 그 또한 참 즐겁다.

나이들수록 웃기는 남자랑 결혼하길 잘했다는 생각이 든다.

인생은 기나긴 여행과도 같기에 지루함을 달래기 위한 유머는 필수다.

나에게만 먹히는 것일지라도…. ㅎㅎ

●내 남자가 웃길 줄 모른다고?

그러면 내가 웃기면 된다. ^^

유머집에 있는 이야기라도 외워서 남편을 웃겨보라.

처음엔 어색할지 몰라도 자꾸 하다 보면 익숙해진다.

웃음은 삶의 활력소가 되고, 서로를 단단하게 묶어준다.

유머를 활용해서 즐거운 분위기를 만들어보자.

유머에는 생각보다 강력한 힘이 있다.

상대에게 즐거움을 주고 스트레스를 풀어주며 나를 사랑스럽고 매력적이고 귀엽게 보이도록 해준다.

나도 종종 어이없는 유머로 남편을 웃긴다.

유머로 소통하는 것은 어찌 보면 철부지 같은 일이지만 재미있고 즐겁다.

특히 단둘이 있을 때는 부부만의 소통언어를 만들어 놓기도 한다. ㅎㅎ

16 ▶ 가정을 최우선 순위에 두는가?

많은 이들에게 '사람 좋다'는 소리를 듣는 남자는 배우자감으로 어떨까?

물론 다른 이들의 칭찬을 받는다면 좋은 사람임에는 틀림이 없다. 하지만 남을 챙기느라 정작 자신의 아내나 아이들에게는 무관심해지기도 한다.

우리 아빠가 바로 이런 케이스였다. 그 때문에 맏며느리였던 엄마는 아빠의 뜻에 따라 친척들을 비롯한 많은 이웃을 챙겨야 했고, 평생 힘들고 외롭게 사셨다.

이러한 상황을 보고 자란 나는, 배우자감으로 남보다 가정을 먼저 생각하는 사람이 더 낫다는 생각을 하게 되었다.

17 ▶ 자기 일에 대한 만족감이 있는가?

"일하는 사람이 멋있다."라는 말이 있다.

남자든 여자든 땀 흘려 일하는 모습을 보면 존경심을 넘어 경이로움마저 느껴진다. 덧붙여 자기가 하고 있는 일에 만족을 느낀다면 더욱 즐겁게 성실하게 오래 일할 수 있다.

단, 경제적인 면도 생각해야 한다.

가정경제에 도움이 되기는커녕 빚만 늘리는 일이라면 비록 자기가 좋아하고 만족을 느낀다고 해도 지속해서는 안 된다. 가정은 무엇이든 공동으로 감당해야 하는 공동운명체이기 때문이다.

내 지인의 남편은 영화감독이었다.

비록 돈을 벌어오지는 못했지만 영화를 만들 때 느끼는 남편의 만족은 매우 컸다. 아내는 이런 남편의 꿈을 무조건 응원하고 지원을 아끼지 않았다.

그 결과 빚더미에 올랐고 가정은 깨졌다.

결혼은 꿈이 아닌 현실이다.

가정을 지키면서 꿈도 이룰 수 있어야 한다.

18 ▶ 작은 것에도 행복의 의미를 둘 줄 아는 여유로움을 가졌는가?

자신의 기준에 맞추어 살고자 하면 불평 불만이 끝이 없다.

잔소리는 좀 많아도 항상 내 곁에 있어주는 배우자가 있어 행복하다.

공부는 잘하지 못해도 올바르게 자라는 아이들이 있어 행복하다.

많은 돈을 벌지 못해도 일할 수 있어 행복하다.

넉넉하지 않은 살림일지라도 빚을 지지 않고 살 수 있어 행복하다.

우리 가족 모두 건강하니 행복하다.

사랑하는 가족과 함께하는

매일매일이 행복하다.

19 ▶ 강한 주관을 가졌는가?

주관이 있다는 것은 가치관이 서 있다는 것이다.

자기만의 견해나 관점이 분명한 사람은 세상사에 이리저리 쉽게 휘둘리지 않는다.

자기 주관이 있으면서 융통성도 갖추었다면, 한마디로 믿을 만한 사람이다.

주관이 없는 남자는 여자를 정말 피곤하게 할 것이다.

이리저리 휘청대며 줏대없이 행동할 테니까.

만나고 있는 상대가 주관 없어 보인다면 가능한 한 굿바이 하세요. 평생 왔다 갔다 하면서 살지도 모르니까요~

❄️**만일 내 남편이 주관이 없다면…**

내가 리더가 되어서 가정을 리드하면 된다.

이때 남편을 무시하는 듯한 말과 행동은 하지 말자.

형식적으로라도 남편에게 의견을 물어보면서

자존심은 살려주자. 무시나 핀잔은 금물이다.

내가 옳은 판단을 내렸다면 가능한 한

나의 의견을 따르도록 유도해 보자.

20 ▶ 존경할 만한 사람인가?

배우자로 존경할 수 있는 상대를 원하는 여자들이 의외로 많다.

이런 경우 나이 차이가 많이 나도 상관없다. 경제력도 문제되지 않는다.

부족한 부분은 내가 채우면 된다. 내 아이들에게도 좋은 아버지가 될 가능성이 크기에….

21 ▶ 회복탄력성이 좋은가?

회복탄력성이 좋다는 것은 내면이 강하다는 것이다.

내면이 강한 사람은 어려움이 닥쳐와도 잘 견디고 지혜롭게 극복한다.

결혼생활에는 생각지 못한 문제들이 산적해 있다. 언제든지 돌발상황이 생길 수 있다.

부부가 서로 도우며 해결해가야 할 일들이 무수히 많다.

나 혼자 살아도 매일매일 문제들로 넘쳐나는데 집단생활로 접어드니 얼마나 많은 일들이 생기겠는가?

회복탄력성이 좋으면 좋을수록 문제를 빠르게 해결하고 극복할 수 있다.

쉽지 않은 인생을 헤쳐나가기에 아주 좋은 장점이다.

🪣 만일 내 남편이 회복탄력성이 약한 사람이라면…

내가 먼저 나서서

"괜찮아. 그럴 수도 있지."

하며 안심시켜야 한다.

스트레스 상황이 오래 지속되면 서로가 힘들고 피곤해진다.

22 ▶ 인간성이 좋은가?

인간성이 좋다는 것은 이기적이지 않다는 것이다.

타인을 배려할 줄 알고, 때로는 손해보는 일에도 망설임이 없다.

타고난 바탕이 좋은 사람이다.

바탕은 쉽게 변하지 않는다.

그렇다고 실속없이 사람만 좋아서는 안 된다.

자기 것도 챙길 줄 알아야 가까운 사람들이 힘들지 않다.

23 ▶ 인격을 갖춘 사람인가?

인격은 사람의 됨됨이로, 사람으로서의 품격을 말한다.

인격을 갖추지 못한 인간은 짐승과 다를 바가 없다고 한다.

모든 사람은 인격을 가지고 있기에 존엄하다.

인격은 인간으로서 갖추어야 할 기본적인 자격이며, 일상생활에서 추구해야 할 도덕적 성품을 의미한다.

아름다운 인격을 소유한 사람은 그 외모 또한 아름답게 느껴진다.

24 ▶ 내 여자를 생각하는 마음이 있는가?

내 여자를 보물처럼 소중히 생각해 주는 남자를 만나면 안정감을 누리며 살 수 있다. 자존감도 높아진다.

소중한 만남으로
아름다운 꽃을 피우는 삶이 되시길…

VI. 결혼 전 생각해 봐야 하는 것에 대하여

'그 사람의 부모를 보면 그 사람을 알 수 있다.'는 말이 있듯 시부모의 모습을 자세히 살펴보라.

미래 내 배우자의 모습이 보인다.

#1 결혼을 결심했는데 여러 면에서 맞지 않는다면? 이별밖에 답이 없다.

타고난 습성은 바꾸기가 어렵다.

또한 상대에 맞춰 억지로 바꾸어야 한다면 그것은 더욱더 어렵다.

대화로써 해결하고자 하지만 한계가 있다.

결국 안 맞는 부분은 참고 넘기며 살아가게 된다.

결혼하기 전에 상대가 나랑 잘 통하는지 꼼꼼히 따져보라.

통하는 게 많을수록 행복하다.

*통하는 느낌이 들지 않는다면, 당신의 선택은?

통하는 느낌이 전혀 들지 않는다면 헤어지라고 말하고 싶다. 결혼하고 나면 더 많이 힘들어진다.

이런 커플은 이혼할 확률이 높다.

#2 동정심으로 결혼하지 말라.

불쌍하다고 해서 결혼해 주지 말라.

결혼은 자선행위가 아니니까.

간혹 착하고 동정심 많은 여성들이 불쌍한 척(?)하는 남자에게 자신의 인생을 내던지려는 경우가 있다.

정신 바짝 차리자.

이런 경우 남녀 모두가 불행한 결말을 맞는다.

한쪽의 희생을 강요하는 관계는 정서적으로나 육체적으로나 쉽게 지치게 된다.

#3 그 사람의 필요성을 느끼고 있는가?

내 인생에서 이 사람이 정말 필요한지, 나의 필요를 잘 채워 주고 있는지, 이 사람이 없으면 정말 안 되겠는지, 자신에게 진지하게 물어보라.

#4 술, 게임 등 중독에 빠져 있지 않은가?

중독이란 무언가에 빠져 정상적인 생활이나 활동이 불가능한 상태를 뜻한다.

중독은 욕구가 채워지지 않으면 비정상적인 행동을 불러일으킨다.

그러므로… 고치기 어렵다.

"내 넘치는 사랑으로 반드시 고칠 수 있을 거야."라고 호기롭게 나섰다가는 큰코 다친다.

내 친구의 남편은 게임중독자였다.

회사에서 돌아오면 자기 방으로 들어가 새벽까지 게임을 하고 아침이 되면 출근하는 일상을 반복했다고 한다.

친구의 가정은 점점 황폐해졌고, 극심한 부부 갈등을 겪어야 했다.

생활에 영향을 끼칠 정도의 중독은 정신적인 병증이라 할 수 있다.

이런 사람과는 가능한 한 만남을 피하고, 이미 콩깍지가 씌

워졌다면 전문가의 도움을 받으시기를 권한다.

#5 자기중심적으로만 행동하는지 살펴봐라.

　자기중심적인 사람은 모든 걸 자신에게 맞추기 원한다.
　자기욕구 충족에 충실하고, 자기가 만족해야만 행복하다고
느끼며 상대방의 희생을 당연하게 여긴다.
　아무리 멋있고 능력이 있는 사람이라도 소중히 여김을 받지
못한다면 함께 살기 어렵다.
　결혼생활에서 가장 중요한 부부간의 소통도 어렵다.

#6 말버릇이 고약한 사람은 피하라.

　말을 험악하게 하는 사람은 남을 욕하고 비판하는 데 많은
시간과 에너지를 낭비한다.
　쏟아붓는 막말로 곁에 있는 배우자를 부끄럽게 만든다.
　오랫동안 길들여진 못된 말버릇은 고치기 힘들다. 평생의
골칫거리다.
　툭하면 싸움을 거는 것처럼 보일 테니까….

#7 책임감 없는 사람은 최악!

결혼엔 서로에게 많은 책임이 따른다는 것을 꼭! 기억했으면 좋겠다.

책임감을 갖지 않는다면 서로에게 커다란 짐이 될 것이다.

#8 통제하려는 사람은 무서워~

상대방을 사사건건 통제하며 "너무 사랑하기 때문에~"라고 부르짖는 사람이 있다.

그러나 그것은 사랑이 아니라 지배이다. 지배자의 성향이 강한 사람은 무엇이든 자기 손아귀에 넣어 통제하려 든다.

하나에서 열까지 신경쓰니 연애할 때는 자상하다고 착각하기 쉽지만 뭔가 불편한 감정이 든다면 재빨리 헤어지자.

결혼하면 더 심하게 통제하려 들 것이다.

#9 강박증이 있는 사람은 곤란해.

어린 시절, 사랑받지 못하고 인정받지 못했던 애정에 대한 결핍은 다른 사람을 통제하려는 강박증으로 나타날 수 있다.

앞에서도 언급했듯이 부모와 건강한 애착 형성이 안 된 사람들은 대부분 성격장애를 겪으며 살아간다.

나아가 배우자와 자녀들에게도 힘든 십자가가 되어 괴롭게 만들 수 있다.

이런 사람들에게는 무엇보다 인정과 칭찬이 약이 된다.

배려와 인내를 통해 가족과 건강한 애착을 형성해 나가야 한다.

강박증이 있는 사람들은 상대에 대해 억압하고 지배하려는 성향이 강하다.

특히 성인임에도 불구하고 아이의 특징을 가지고 있는 강박증 환자들은, 가족간에도 유지해야 할 일정한 거리가 있으며 개인의 프라이버시를 침해해서는 안 된다는 사실을 알지 못한다.

이들은 상대방의 개인적인 영역을 침해하면 상대가 불편함을 느낀다는 사실을 모르고 자신에게만 집중한 채 행동한다.

이로 인해 본인은 물론, 가족들은 불편함과 불쾌감, 슬픔과 분노 속에 살게 된다.

그러므로 침해하지 말아야 하는 개인적인 영역(프라이버시)의 선을 분명히 알려주고, 이를 지킬 수 있도록 훈련시켜야 한다. 되는 것과 안 되는 것의 허용 범위를 정해 주어야 모두가 편하게 지낼 수 있다.

자신이 하는 행동이 왜 잘못된 것인지, 그러한 행동으로 인해 주변 사람들이 느끼는 감정 등에 대해 기분 나쁘지 않도록 친절하고 조심스럽게, 그리고 반복적으로 말해 주어야 한다.

"당신이 이렇게 말하거나 행동할 때 내가 많이 힘들어요. ○○하게 행동해 줬으면 좋겠어요. 그럼 내가 정말 행복할 것 같아요." 하고 구체적으로 표현해 주어야 한다.

어린아이를 다루듯 항상 칭찬과 격려로써 다가가야 하며 이를 통해 부부간의 건강한 애착관계를 형성해 나가야 한다.

이렇듯 강박증에서 벗어나기 위한 훈련을 통해 본인도 편안해지고, 사랑하는 가족과도 편안한 관계 속에 살아갈 수 있게 된다.

Ⅶ. 결혼생활의 시작, 어떻게 해야 할까?

1 결혼에 대한 환상과 기대는 깔끔하게 버리자.

결혼은 현실이다.

서로 알아가야 하고 적응해야 하고 살아내야 한다.

그러므로 끊임없는 노력과 많은 시간이 요구된다.

결혼을 함으로써 나에서 우리로 살아가는 것이다.

결혼생활은 인생의 긴 여정 중 한 부분이다.

과일이나 곡식이 긴 시간 익어가며 깊은 맛을 내듯 인생 또한 긴 세월 동안 희로애락을 느껴가며 성숙해진다.

(1) 결혼에 대한 기대와 환상의 수치를 최대한 낮춰야 한다.

이제 막 결혼생활이라는 낯선 학교에 입학했다면 먼저 상대의 장점과 단점을 파악해야 한다.

이해 가지 않는 행동을 한다 해도 바로 쏘아붙이지 말고 일단 상대에 대한 정보를 수집하라.

가정생활도 전략과 전술이 필요하다.

(2) 대접받으려고만 하지 말아야 한다.

　기억하자. 우리는 여왕이다. 어떠한 상황에서도 여왕으로서의 품격을 절대 잃어버려선 안 된다.
　품위 없이 행동할 때 상대는 은근히 나를 얕보게 된다.

　나는 화가 나면 상대를 쏘아붙이고 상처 주기 일쑤였다.
　그런 나로 인해 남편은 주눅들었고 위축되어 갔다.
　나에 대한 미움의 감정이 점점 쌓여갔단다.

　이러한 아내는 진정한 여왕이 될 수 없다.
　여왕은 왕과 함께 살아야 하기에 내가 여왕이 되기 위해서는 내 남편을 왕으로 등극시켜야 한다.
　남편을 하인취급 하면 나는 하인의 아내가 된다.
　남편을 대접하지 않으면서 나만 대접받으려 하지 말라.

　친구의 집들이에 초대받아 간 적이 있다.
　학교 다닐 때 짧은 커트머리에 남방, 바지만 입고 다녔던 그 친구는 운동까지 잘해 중성의 매력을 풍겼다. 당연히 동성 친구들에게 인기가 많았다.

그러던 친구가 연애를 시작하면서 머리는 긴 웨이브에 짧은 치마를 입고 화장까지 예쁘게 하고 다녔다. 말씨도 나긋나긋해져서 나를 비롯한 친구들은 적응이 잘 안 되었다.

어쨌든 집들이날, 우리의 만찬에 그 친구의 남편이 분주하게 움직이며 심부름을 해 주었다.

곧이어 여자들의 수다가 시작되었다.

그 친구 왈, 남편이 자기를 너무 사랑해서 귀찮아 죽겠단다.

그러고는 보란듯이 여왕처럼 남편을 부렸다.

"야! 음료수 좀 사 와!"

친구의 한마디에 그의 남편은 쪼르르 슈퍼로 달려갔다. 건축설계를 하는, 나름 좋은 대학을 나온 엘리트 출신이었는데 아내를 너무 사랑해서 굽신굽신하며 살고 있었다.

학창시절에는 예의 바르고 반듯한 아이였다. 그런데 저렇듯 변하다니…. '아무리 자신을 사랑한다지만 저건 좀 심한 것 같은데…'라는 생각이 들었다.

상대에 대한 배려 없는 그 친구의 모습은 전혀 여왕 같아 보이지 않았다.

상대에게 존중받으려면 기본 에티켓은 필수다.

특히 언어순화는 꼭! 해야 한다.

상대에게 '야', '너'라는 칭호는 절대 삼가자.

결혼을 했으니 이제 완전한 어른이다.

어른답게 행동해야 존중받는 남편과 아내가 될 수 있다.

2 나에서 우리로 살아가기

결혼을 하면 솔로일 때 누리던 많은 것들을 포기해야 한다는 사실은 잘 알고 있을 것이다. 때론 억울한 면도 있고 불편한 점도 있는 것이 바로 결혼생활이다.

하지만 너무 속상해하지 마시길! 서로에 대한 사랑이 있기에 더 풍성한 삶을 누릴 수 있으니까.

솔로가 '나 중심'의 삶이었다면,
결혼은 '우리 중심'의 삶이다.

3 모든 것이 서툴고 낯선 생활 속에서 행복하게 살아나갈 수 있는 방법을 찾아보자.

(1) 일단 참자.

마음에 들지 않는 것이 있더라도 한 번은 참아주자.

결혼생활 초년병임을 기억하라.

이제 밥을 짓기 시작한 것이다. 쌀을 씻었고, 밥통에 불을 켰다. 그럼 기다려야지. 밥이 될 때까지….

(2) 기다려주자.

결혼생활은 인내의 연속임을 잊지 말자.

치약을 끝에서부터 짜서 쓰는 나와 가운데를 눌러 짜야 편하다는 남편, 꼼꼼하게 정리하는 스타일인 나와 여기저기 어지럽히고 다니는 남편…. 참 힘들다. 참아주는 것!

하지만 결혼생활에서 참아주고 기다려주는 것은 기본 중의 기본이다.

개인의 생활습관이 결혼생활을 꾸려나가는 데 크게 방해가 되지 않는다면 당분간은 내버려두자.

30년 이상 살아온 생활습관이다. 한순간에 고칠 수는 없다.

사소한 것이지만 갑자기 생활습관을 바꾸려면 불편함이 크고 스트레스를 받게 된다. 스트레스는 곧 다툼으로 이어진다. 잔소리는 금물!

스스로 고칠 수 있도록 유도하는 것이 가장 효과적이다.

(3) 가끔은 혼자만의 시간을 갖자.

결혼은 하나이면서 둘인 관계를 만든다.

서로 다름을 인정하고 때로는 혼자만의 시간을 즐기도록 노력하자. 그래야 둘이 함께할 때의 즐거움도 배가 된다.

(4) 가정에서 지켜야 할 규칙을 정해 보자.

* 가정 경제는 어떻게 운영할 것인가?
* 휴일을 어떻게 보낼 것인가?
* 집안일은 어떻게 분배할 것인가?

한 달에 한두 번 가족회의를 통해

가정의 문제들을 의논하며,

우리 가족만의 문화를 만들어 보자.

(5) 다름을 인정하자.

달라도 너무 달라.
당연하지. 아내는 여자고 남편은 남자니까.
부부가 다른 것은 당연하다고 생각하자.
살면서 서로 다른 부분이 느껴질 때 상대를 비난하고 불평하는 일이 많아진다. 왜냐하면 내가 힘드니까….
부부싸움의 대부분이 '다름' 때문에 일어난다고 해도 과언이 아니다.

나의 경우도 그렇다. 옷을 좋아하는 나는 세련되고 예쁜 옷을 골라서 맵시 있게 입는 일을 즐겼다. 결혼하기 전, 월급을 타면 제일 먼저 옷가게에 가서 좋아하는 옷을 사 입었다.
한편, 남편은 나름 옷에 신경을 쓴다고 했지만 내가 보기엔 수수한 농촌 총각으로만 보였다.

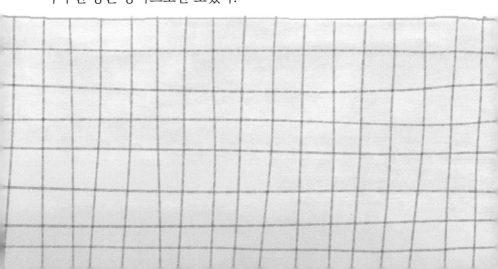

'결혼해서 내가 바꾸어 주면 되겠지.'라는 막연한 생각을 했었다.

하지만 결혼해 보니 남편의 패션감각은 심각할 정도로 떨어져 나를 슬프게 했다.

별것 아니라고 생각하는 사람도 있겠지만, 결혼생활 내내 이 문제는 나를 괴롭고 괴롭게 괴롭혔다. 취향이 비슷한 사람을 만나는 것이 그렇게 중요한 줄은 그땐 미처 몰랐었다.

어쨌든 이미 건너버린 강, 돌아갈 수 없으니….

나는 "옷 잘 입는 바람둥이보다 옷 못 입는 순박한 남자가 더 낫지. 나만 바라보고 살잖아." 하고 위안을 삼곤 한다.

50을 넘긴 남편은 나랑 살다 보니 이젠 제법 세련되고 단정하게 잘 입고 다닌다. 옷 쇼핑을 할 때도 항상 내게 조언을 구한다. "이 옷 어때?"

내가 NO 하면 절대 입지 않는다. ^^

기억하자.

내가 행복하게 느끼는 것을 공유할 수 있는 남자를 만나면

결혼생활은 그만큼 더 즐거워진다.

VIII. 결혼 후의 삶에 대하여

1 결혼 후 현실의 장벽을 마주한다면 어떻게 해야 할까?

예전과 다르게 지금은 결혼이 '선택'의 문제다.

하지만 결혼을 하려는 이유는 예나 지금이나 똑같다.

지금보다 행복해지기 위해서!

인간은 사회적 동물이기에 더불어 살 때 행복하다.
기쁨은 나누면 배가 되고 슬픔은 나누면 반이 된다고 하지 않는가.

결혼생활은 남편과 아내, 두 사람이 함께 꾸려나가는 것이기에 상대에게만 바뀔 것을 요구해서도 안 되고, 한쪽의 희생만 강요해서도 안 된다.

결혼생활 중 문제가 발생했을 때도 함께 노력하여 해결해 나가야 한다.

[결혼생활 중 생길 수 있는 대표적인 문제와 그 해결책]

*경제적인 문제

가정의 수입을 알아보고, 지출 계획을 세운다.
저축과 투자를 위해서도 서로 의논한다.

*자녀교육 문제

자녀가 있거나 자녀를 계획 중이라면 자녀에 대한 교육관에 관하여 미리 얘기를 나누어 보는 것이 좋다.

자녀양육엔 생각보다 많은 사전지식이 필요하다.
아무런 준비 없이 부모가 되면 사소한 일에도 다투게 되고 본의 아니게 아이들에게 상처를 줄 수도 있다.

가정교육은 무엇보다 부모의 일관성이 중요하다.

부모의 교육철학이 맞지 않으면 아이들이 많이 혼란스러워하게 된다.

아이들은 부모의 모습을 눈여겨보고 그대로 따라한다. 그러므로 말로 설명하는 것보다 행동으로 보여주는 교육이 더욱 효과적이다.

자녀는 부모의 그림자를 보고 배운다는 것을 꼭! 기억하자.

그림자 교육!! 너무도 중요하다.

학원 선생이었던 나는 그저 이른바 교과서적인 학습이 전부라고 생각했고, 독서 등을 통한 학습에만 몰두했었다.

그러나 아이들은 부모의 그림자를 그대로 답습한다.

부모의 적나라한 모습까지도 그대로 학습하는 것이다.

아이들의 교육을 위해 홈스쿨링까지 강행했던 나는 그림자 교육을 너무 늦게 깨달았다. 너무 안타까웠다.

아이들은 이미 성인이 되었으니…. ㅠㅠ

이제라도 열심히 노력하며 산다.

2 최악의 상황에서 최고의 상황으로 전환할 수도 있다.

우리의 뇌는 우리가 생각하는 대로 신체를 활성화한다.

어떤 문제가 닥쳐도 이겨낼 수 있다고 생각하면 뇌에서 긍정적인 호르몬이 분비되고 그 문제를 해결하기 위한 모든 정보를 최적화시키는 모드가 켜진다고 한다.

그러므로 어떠한 상황에서도 "나는 할 수 있다."라는 자기확신을 갖는 것이 아주 중요하다.

뇌는 상상하는 것을 실제로 실행한 것으로 알고 반응한다고 한다.

운동선수들은 이 상상의 힘을 이용하여 훈련을 하기도 한다. 운동하는 모습을 상상하면 실제로 운동한 것과 같은 신체반응이 나타나는 것이다.

성악가들도 미리 무대에서 노래하는 모습을 상상해 본 후, 실제 무대에 서면 더욱 안정적으로 노래할 수 있다고 한다.

나도 축가 등 무대에 서서 노래를 부를 일이 있으면 공연 10분 전 또는 5분 전에 살짝 눈을 감고 무대에 서서 완벽하게 노래하는 모습을 상상하곤 한다. 그리고 무대에 오르면 실수

하지 않고 노래를 잘 부를 수 있었다.

깜박 잊고 상상 연습을 안 하면 공연이 시작되었을 때 긴장되고 당황할 때도 있었다.

성공적인 삶을 사는 사람들은 어려운 상황이 닥쳤을 때 좌절하지 않고 문제해결의 방법을 찾는 데 집중한다.

우리도 최악의 상황을 오히려 인생을 배우는 계기로 삼아야 한다.

결혼생활에 위기가 닥쳤을 때 상대를 피하지 말고 무엇이 원인인지 솔직하게 대화하며 풀어야 한다.

나는 정말 많이 참고 살았다. 그러다가 도저히 견딜 수가 없어 이혼하자며 남편에게 울며 매달렸다.

깜짝 놀란 남편은 아무 말도 하지 못하고 그냥 밖으로 나가버렸다. 그러고는 저녁 늦게 돌아와, "그래, 당신이 원하면 이혼하자."라고 말했다.

그 후 우리는 며칠 동안 아무 말도 하지 않고 마치 남남처럼 지냈다. 나는 '이제 저는 어떻게 해야 합니까….' 하고 하나님께 울며 기도했다. 그리고 얼마 후에 결단을 내렸다.

나는 남편과 마주앉아 깊은 숨을 한번 내쉬고는 좀 더 노력
해 보자고 말했다. 이혼하고자 하는 마음을 돌린 것이다.

남편은 크게 안도했다. 그리고 정말 많이 변했다.

최악의 상황에서 최고의 상황으로 전환된 것이다.

모든 것이 하나님의 은혜였다.

3 너도나도 모두 소중하다.

서로가 너무 소중하고 너무 사랑했기에 결혼한 우리다.

평생 소중한 보물처럼 생각하고 여기며 살아야 한다.

위기는

또 다른 성장의 기회다.

이혼의 위기 이후에 우리 부부는 참 많이 변했다.

남편은 그동안의 잘못된 행동과 태도를 고치기 위해 노력했고, 나 또한 남편을 더 소중히 여기고 존중해 주었다. 불만이 있어도 바로 화를 내지 않고 기다렸다.

"감사해요." "사랑해요."라는 말을 습관적으로 쓸 만큼 많이 노력했다.

"사랑은 표현하는 것이다."

표현할수록 행복해지는 것이 사랑이다.

부부 사이는 세월이 점점 흐르면서 무덤덤해지는 것이 일반적인 현상이다.

이러한 상태가 지속되면 부부관계는 재미도 매력도 없어지고 만다. 무미건조한 상태로 살아가게 된다.

나이가 들어도 서로 사랑하고 있다는 것을 잊지 않도록 자주 표현하며 살아야 한다.

인생은 긴 듯해도 생각보다 짧고 빠르게 지나가 버리기 때문이다.

우리는 짧은 시간 아름답게 피어났다가 시들어버리는 꽃과 같은 존재들이다.

4 여가를 즐겨라.

즐길 수 있을 때 즐겨라.

돈을 벌기 위해 행복을 희생하는 것은 어리석은 일이다.

조금 덜 벌더라도 가정의 행복을 지켜나가는 것이 기나긴 인생을 지혜롭게 사는 것이다.

서로에게 관심을 줄 틈도 없이 바쁘게 살다 보면 사람도 사랑도 건강도 잃어버린다.

5 사람 사는 것, 마음먹기 나름이다.

"남과 비교하지 말고 내 인생 내가 산다."

내가 세상에서 제일 행복한 사람이라고 생각하고 살면 내가 제일 행복한 사람이 된다.

6 싸움을 통해서도 배울 게 있다.

서로 다른 너와 내가 만나서 함께 사는 데 안 싸우고 살 수는 없다.

싸웠으면 바로바로 서로 사과하고 마무리를 잘하자.

"싸우고 나니 속은 시원하네." ㅋㅋ

싸움을 서로를 알아가는 계기로 삼아보자.

7 나부터 챙기자.

내가 지치면 아무것도 할 수 없다.

가정의 행복도 유지할 수 없다.

이럴 땐 가족에게 양해를 구하고 푹 쉬자.

8 왕과 여왕으로 살아가자. ^^

누가 뭐라고 하든 우리 부부는 왕과 여왕이다.

우리 가정 안에서만은….

남의 눈치 보지 말고 서로 대접하며 행복하게 살자. ㅎㅎ

9 말하지 않으면 모른다.

'말하지 않아도 당연히 내 마음을 알겠지.'라는 함정에 빠지지 말라.

상대는 내가 표현한 만큼, 내가 말한 만큼밖에 알지 못한다.

다른 세계에서 온 사람이라고 생각하고 시시콜콜한 것까지 말하고 이해시키자.

그것도 모르냐고 화내지 말고.

말하지 않으면 그것도 모른다.

다른 세계에서 왔기 때문이다. ㅎㅎ

10 전략을 세우는 것도 중요하다.(가정 컨설팅)

옛날과는 달리 가정경영이 중요한 시대이다.

회사를 잘 운영하기 위해 컨설팅을 받듯 가정을 올바르게 이끌기 위해 전문적인 상담을 받는 것도 필요하다.

내 힘으로 해결 안 되는 어려운 문제가 있다면 가정상담 전문가의 도움을 받아보자.

인생에서 저절로 되는 것은 하나도 없다. 행복한 가정 또한 저절로 만들어지는 것이 아님을 기억하자.

구체적인 가정 문화 만들기

① 나의 가정이 어떤 모습으로 성장하길 원하는가?
　(구체적으로 적어 보고, 그림으로 표현해 보자.)

② 가정을 이끌어감에 있어 무엇을 가장 중요하게 생각할 것인가?
　가정에서 서로 꼭 지켜야 하는 것들을 정하여 규칙을 만들자.
　(가사분담은 필수다.)

③ 문제가 생겼을 때는 가족회의를 통해 해결방안을 찾는다.
　(충분히 대화하자.)

Ⅸ. 마음에 들지 않는 남편,
어떻게 해야 할까?

결혼생활이란 서로가

성장해 가는 과정이다.

우리 인생에서 저절로 되는 것은 아무것도 없다.

씨앗을 뿌린 후 물을 주고 가꾸어야 꽃과 열매를 볼 수 있듯이 결혼생활도 돌보고 가꾸는 수고가 필요하다.

수고한 만큼, 노력한 만큼 성과를 거둘 수 있는 것이다.

결혼생활에서 발생하는 문제와 어려움 또한 부부의 인격을 한 단계 더 성장시키는 발판이 된다.

남편의 문제점을 어떻게 바라보고 해결해야 할지 한번 생각해 보자.

문제 해결을 위한 실제적인 방안 24가지

1▶ 유머를 활용하라.

유머에는 위기를 와해시키는 능력이 있다.

상황을 너무 심각하게 보지 마라.

때론 여유 있게 바라보고 가볍게 넘기는 지혜가 필요하다.

2 ▶ 참는 것도 능력이다.

남자는 여자보다 단순하다.

그래서 여자의 섬세한 필요를 채워 주지 못할 수도 있다.

남편의 실수와 허물을 참아 주자.

일단은 덮어 주고 기회를 봐서 직접적으로 알려주어라.

"자기가 ○○할 때 내가 좀 힘든데, 당신이 해 주면 안돼?"
하고 애교도 부려 보자.

애교를 부리기 힘들면 부탁하는 어조로 얘기해 보자.

남자는 사랑스러운 여자에게 백마 탄 왕자가 되어 기사도를
발휘한다.

내 남편을 백마 탄 왕자로 만들고 싶다면 애교 부리는 법을
배워라.

관계를 아름답게 만들어가기 위해 자존심은 잠시 접어두자.

자존심을 지키려다 보면 깊은 관계를 만들어 나가기 어렵다.

'자존심 상하게 이런 말을 어떻게 해?'라는 생각은 오히려
관계를 망칠 수도 있다.

3▶ 남편의 방어기제를 파악하라.

사람은 불안을 처리하고 마음의 평정을 회복하기 위해 방어기제를 사용한다.

부부싸움을 할 때도 다양한 방어기제들이 나타난다.

예를 들면 입을 꾹 다물고 대화를 거부하거나 아예 밖으로 나가버리기도 한다. 어떤 사람은 소리를 지르거나 물건을 집어 던지거나 폭력을 행사하기도 한다.

남편의 방어기제를 알면 갈등의 시간을 줄이고 감정의 골이 깊어지는 것을 막을 수 있다.

단, 폭력을 쓰는 남편이라면 헤어지라고 권하고 싶다.

내 경우, 남편은 화가 나면 말을 하지 않는다.

정말 속 터질 일이다. 목마른 사람이 우물 판다고 결국 내가 먼저 "미안해." 하고 백기를 들 수밖에.

어쨌든 부부 사이의 자존심 대결은 에너지 낭비일 뿐임을 50이 넘어서야 깨달았다.

4▶ 미운 남편 떡 하나 더 주기. ^^

결혼을 하면 확대경으로 보는 것처럼 서로의 장점과 단점이 아주 선명하게 보인다. 특히 단점들은 더욱더 뚜렷해진다.

남편의 철없고 어이없는 행동을 볼 때면 짜증나고 실망스럽기도 하다. 그러나 이런 행동을 지적해 봤자 개선되기는커녕 싸움만 더 커진다.

오히려 너그러운 아내가 되어라.

남편의 행동을 자세히 관찰하고 그나마 좋은 부분을 찾아내 보자. 그리고 칭찬을 쏟아부어라.

"와! 당신 정말 대단하다."

칭찬에 취한 틈을 노려 고쳤으면 하는 점을 넌지시 말하라.

"이 부분만 고친다면 더욱 완벽할 텐데…."

남편의 장점을 칭찬하면서 단점을 커버해 나가는 지혜가 필요하다.

나는 화가 나면 벌집 쑤시듯 남편을 쑤셔댔다.

마음껏 공격하며 남편의 자존심을 엉망으로 만들었다.

우리 가정은 마치 전쟁터 같았고, 남편은 항상 내 눈치를 보았다. 살벌한 가정이었다.

미운 남편 떡 하나 더 주어야 한다는 사실을 너무 늦게 깨달았다. ㅠㅠ

5▶ 내가 원하는 남편의 모습을 상상하라.

내가 만들고 싶은 남편의 모습을 그려보라.

그리고 그 꿈을 이루기 위해 어떻게 해야 할지 생각해 보고 실천하라.

나는 남편에게 "당신은 좋은 목사님이 될 거야."라고 자주 말했다. 그러면 남편은 "정말 그럴까?" 하고 자신없는 말투로 중얼거렸다.

하지만 나는 포기하지 않고 자주 남편에게 힘이 되는 말을 해 주었다.

"당신은 반드시 좋은 목사님이 될 거야."라고….

남을 잘 챙길 줄 모르던 성격이 급한 남편은 점차 변화되더니 50이 넘으면서 좋은 목사님이 되었다.

성도들을 배려하고 위로하고 잘 섬기는 정말 좋은 목사님이 된 것이다.

간혹 본성이 튀어나오기도 하지만. ㅠㅠ

말에는 강한 힘이 있다.

남편을 살리기도 하고 죽이기도 하는 것은 모두 아내의 혀에 달려 있다.

6 ▶ 남편에 대한 기대치를 낮춰라.

남편에게 처음부터 결혼생활의 프로처럼 행동하기를 바라면 안 된다. 노력하는 모습만 보여도 칭찬해 주자.

남편은 아내의 칭찬을 먹고 발전한다.

눈높이를 낮추라. 남편을 성장시켜라. 내가 정한 목표를 향해 하루하루 나아가면 되는 것이다.

남편의 마음을 되도록 편안하게 해 주어라. 그러면 더 빨리 발전한다.

목줄을 끼우고 끌어당기지 말아라.

배려와 격려를 아끼지 말아라.

기꺼운 마음으로 스스로 움직이게 해야 한다.

미운 눈으로 바라보면 밉게 행동하고 사랑스러운 눈으로 바라보면 사랑스러운 행동을 한다. 참 신기하다.

남편을 밉게 보고 답답하다고 느꼈을 때는 마음에 들지 않는 면만 도드라지게 보였다.

남편 또한 그런 나를 못마땅해하며 더 미운 행동만 했다.

남편은 잔소리 대마왕이 별명일 정도로 잔소리가 심했다.

나와 아이들은 남편의 잔소리 폭격을 맞으며 십수년을 살아야 했다.

경험해 보지 않은 사람은 절대로 알지 못할 지옥 같은 시간들이었다.

내가 먼저 바뀌어야 한다는 사실을 깨닫고 남편을 사랑스러운 눈으로 보기 시작했을 때 남편은 변하기 시작했다.

다름으로 인해 힘들 때마다 '다른 게 당연한 거야.' 하며 마음을 다잡는 훈련을 수없이 했다.

그러자 정말 기적처럼 모든 것이 변해갔다.

2~3년 만에 가정에 평화가 다시 찾아왔다.

시간이 걸릴지라도 절대 책망하지 말아라.

책망은 서로를 병들게 하고 관계를 망친다.

'그럴 수도 있지.' 하며 이해하고 넘어가자.

남편이 진정으로 변화하기 원한다면 나의 눈높이를 낮추고 기다려 주고 1%라도 노력하는 것 같다면 기뻐하고 칭찬하라.

싹이 나고 있는 것이다.

그 싹이 자라고 꽃이 피고 열매 맺을 것을 기대하라.

내 남편이 최고의 남편이라고 믿고 살아라.

믿음대로 될 것이다.

7▶ 여유를 가지고 기다리자.

"인내가 필요한 과정이지만 그 열매는 풍성하다."

당신은 여왕으로서 왕을 세워가는 중이라고 스스로에게 다짐하라.

"인생은 길다. 여유 있게 가는 것이 사실 더 빨리 가는 것임을 알아야 한다."

조급함을 버리고 기다려 주자.

8▶ 내면적으로 단단해져라.

내가 무너지면 가정도 무너진다.

"강하고 담대하라."

나도 행복한 가정을 세울 수 있다고 믿어라.
지금의 상황을 보고 낙심하지 말기를 당부드리고 싶다.

나는 엉망진창인 결혼생활을 했다.
마치 전쟁터에 있는 것 같은 느낌으로 십수년을 살았다.
주변 사람들은 이런 나를 보며 "어떻게 사니? 나 같으면 일주일도 못 견디겠다."라고 안타까워했다.
"시집 잘못 갔다."는 소리까지 들었다.
그러나 한 번뿐인 나의 인생이기에 절대 포기할 수는 없었다. 계속 기도하며 어떤 폭풍우가 몰려와도 흔들리지 않도록 내면부터 단단하게 세웠다.

그 결과 지금 우리 가정은 평화롭고 안정되었으며, 행복한 보금자리가 되었다.

9▶ 서로에게 적이 되지 말아라.

결혼생활은 장거리 경주이며, 부부는 한 배를 탄 하나의 팀이라고 할 수 있다.

그러므로 인내와 배려, 사랑과 존중 등을 바탕으로 한 팀워크가 요구된다.

가정의 팀워크에 중점을 두어라.

어떤 문제든 함께 노력하며 해결해 나가야 한다.

어떤 상황에도 서로의 편이라는 것을 잊지 말아야 한다.

10▶ 가치관을 존중하라.

부부는 일심동체.

같은 견해나 입장을 가지고 같은 곳을 바라보며 나아가는 것이 가장 좋다.

그러나 가치관이 모두 같을 수는 없다.

만약 남편이 나와 가치관이 다르다고 해도 인정하고 존중해 주어야 한다.

나도 남편과 가치관이 너무 달라 도저히 한 팀이 될 수 없다고 생각했었다.

하지만 서로 다름을 인정하고 존중하는 마음을 갖기 위해 노력하니 마음의 평화가 찾아왔다.

단, 오랜 인내를 대가로 지불해야 했다.

11 ▶ 우월함을 내려놓으라.

내가 남편보다 잘하는 것이 있다고 해서 남편을 무시해서는 안 된다. 당연히 기분 나빠한다.

남편이 잘하는 것을 칭찬하라.

내가 남편을 높여주면, 남편도 나를 높여준다.

12▸ 배려하는 마음을 가져라.

부부간에 배려하는 것은 당연한 일이지만, 그렇다고 엄마처럼 희생해서는 안 된다. 남편이 아들은 아니지 않은가.

무조건적인 희생은 나의 감정과 에너지를 소모시키고, 내 안에 원망과 보상 심리를 키운다.

남편을 사랑하고 섬기되 과하게 하진 말자. 적당한 선에서 커트하라. 그래야 서로간에 원망이 쌓이지 않는다.

13▸ 상대의 마음을 먼저 읽어라.

상대가 자신의 마음을 읽고 알아주면 기분이 좋다.

특히 부부 사이에서 중요한 요건인 소통이 쉽고 편해진다.

엄한 아버지 밑에서 자란 내 남편은 말투에 민감하다.

부정적인 뉘앙스로 말하면 책망으로 듣는다.

긍정의 뉘앙스로 말해야 행복해하며 받아들인다.

그리고 도움을 받았을 때 고맙다는 말을 잊지 말자.

그래야 기분 좋아하고 뿌듯해한다. ㅎㅎ

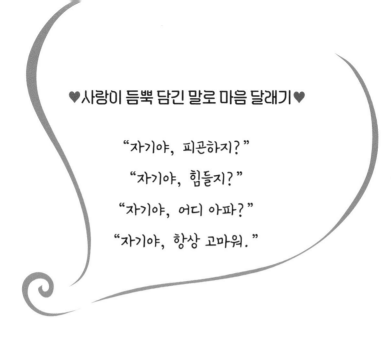

♥사랑이 듬뿍 담긴 말로 마음 달래기♥

"자기야, 피곤하지?"

"자기야, 힘들지?"

"자기야, 어디 아파?"

"자기야, 항상 고마워."

간단한 말이지만 사랑하는 마음을 담아 자주 말해 보자.
집 안 공기가 달라질 것이다.

14▶ 직접적으로 요구하자.

자신의 생일을 잊었다고, 부부의 결혼기념일을 잊었다고 화
만 내지 말아라.

자신이 좋아하는 장미꽃이 아닌 호박꽃을 주었다고 소리치
지 말아라. 말하지 않으면 모를 수도 있다.

남편에게 원하는 것이 있다면 단도직입적으로 말하라.

오늘이 무슨 날인지 알 거라고 속단하지 말라. 남편 잡는 지

름길이다.

말해 주지 않으면 모르는 게 당연한 것이 착한 남편들이다.

"오늘 내 생일이니까 외식하자."라고 말하라.

당연히 자신이 원하는 선물을 사올 것이라고 믿지 말아라.

"20주년 결혼기념일에는 다이아몬드 반지 사 줘요."라고 얘기하라.

괜한 자존심을 챙기다가는 화만 내는 이상한 여자가 된다.

남자니까 여자의 마음을 모르는 건 당연하다.

친절하게 알려주고 챙길 건 챙기는 현명한 여자가 되자.

순수한 시골총각이었던 내 남편은 여자에 대해 모르는 게 너무 많았다. 사대주의 사고도 강해서 여자 일, 남자 일을 구별하곤 했다.

그래서 나는 일일이 알려주고 시키며 원하는 것을 얻었다.

첫 아이를 낳았을 때는 "자기야, 장미 백 송이 받고 싶어." 하고 말했다.

말하지 않아도 알아서 사오면 더 감동받을 텐데….

어쨌든 엎드려 절 받기 식으로 받아도 기분은 좋았다.

그런데 이게 웬일인가.

둘째 아이를 낳았을 때는 알아서 꽃을 사다 주었다.

생일이나 기념일도 미리 알려주고 "난 그때 케이크하고 꽃다발을 받고 싶어." 하고 말했다.

몇 번 반복하니 고맙게도 내 생일과 결혼기념일에 꽃과 케이크를 항상 챙겨 주었다.

남편 왈,

"이렇게 해야 이 집에서 쫓겨나지 않고 살 수 있지." ㅎㅎ

연애학을 공부하면서 안 사실이지만 원래 남자는 여자에 대해 잘 모른다. 그게 정상이고 좋은 사람이란다.

여자를 너무 잘 알고 매너 좋은 남자는 백 퍼센트 바람둥이라나 뭐라나….

15▶ 가끔은 엄마가 되자.

앞에서도 말했듯이 아내는 엄마가 아니다.

그러므로 아내에게 엄마의 희생을 바라서는 안 된다.

그러나 여자에게는 누구나 모성애라는 것이 있다.

불쌍한 남자를 보면 찌르르, 하고 가슴속부터 울린다.

아무리 강한 남자도 힘들 때가 있다.

그때는 여자의 모성애를 발휘해 보자.

고민을 귀기울여 들어 주고, 불평에 맞장구쳐 주고, 따뜻하게 안아 주고….

부부의 신뢰와 사랑이 깊어진다.

16▶ 좋은 추억을 많이 만들어라.

사람은 추억을 먹고 산다는 말이 있다.

좋은 추억은 평생의 행복을 길러내는 자산이다.

어릴 적 부모와의 좋은 추억이 많으면 행복한 어른이 된다.

젊은 시절의 좋은 추억이 많은 사람은 노년이 되어서도 행복하다.

남편과 좋은 추억을 많이 만들어라.

어려움을 이겨낼 수 있는 힘의 바탕이 될 것이다.

17▶ 결혼은 나만의 행복이 아닌
서로의 행복을 추구하는 것임을 잊지 말자.

이기심을 버려라.

자신의 유익만을 추구할 때 결혼생활은 불행해진다.

상대방의 행복을 위해 서로 노력할 때 가정은 진정한 가족의 안식처가 될 수 있다.

나는 상담을 하면서 이기적인 생활방식과 자기만족을 위해 배우자를 희생시킬 때 가족이 모두 불행해지는 경우를 많이 보았다.

결혼의 본질은 서로의 행복 추구이다.

가족의 행복 추구를 위해 버릴 것은 과감하게 버려야 한다.

문제가 상대에게만 있다고 생각하지 말라. 문제는 누구에게나 있을 수 있다.

그 문제를 어떻게 효과적으로 잘 해결할 것인가가 더 큰 문제이다.

나는 문제 없이 완벽한 사람이라는 교만한 태도를 버리자.

교만은 패망의 선봉이다.

18▶ 부정적인 말을 멀리하자.

남편은 아내의 말에 민감하다.

안 듣는 척해도 다 듣고 영향을 받는다.

그러므로 되도록 부정적인 말을 하지 말아야 한다.

부정적인 말은 아무짝에도 쓸모가 없다.

쓰레기통에 버리자.

19▶ 명령형으로 말하지 말아야 한다.

명령형으로 말하는 것은 상대의 기분을 상하게 한다.

하려던 일도 안하게 된다.

남편이 아무것도 하지 않는다고 투덜대지만 말고 무언가를 부탁할 때 "미안하지만 ○○ 좀 해 줄래?"라고 가능한 한 부드럽게 말해 보자. 그때 그때 구체적으로 요구하고 부탁해 보자. 두 팔 걷어올리고 도와줄 것이다.

20▸ 갈등은 바로바로 해결하라.

남편과 갈등이 생겼을 때 묻어두지 말자.
갈등의 골이 깊어지면 마음도 멀어진다.
부부의 마음이 멀어지면 가정의 행복도 날아간다.

21▸ 심리적으로 일정한 거리를 유지하라.

부부는 하나이면서 둘이고 둘이면서 하나이다.
이 사실을 받아들여야 서로 편안하다.
남편에게 너무 집착하지 말자.
남편의 일을 사사건건 알려고 하지 말라.
때로는 간섭하지 말고 모르는 척 내버려두라.
그래야 숨을 쉴 수 있다.

그렇지 않으면… 질려서 도망갈 수도 있다. ㅠㅠ

가정의 가장 중요한 역할은 편안한 안식처이다.

22 ▶ 어느 정도의 비상금은 인정해 주자.

돈 싫어하는 사람을 본 적이 있는가.
남편도 사람이다. 돈, 좋아한다.

옛날 어머니들은 남자가 돈이 없으면 기죽는다고 하며 쌈짓돈까지 동원하여 남편과 아들의 주머니를 두둑이 채워 주곤 했다.

남편에게 비상금을 허용하라.
어디에 썼는지도 물어보지 말자.
결혼을 통해 우리가 추구하는 것은 돈이 아니라 행복임을 기억하자.

나도 살림살이가 어려워 남편의 경제활동을 간섭했는데, 어느 날은 남편이 숨도 못 쉬겠다며 하소연을 했다.

내 잔소리 때문에 행복에서 멀어짐을 느꼈다.

"잔소리는 혹 떼러 갔다가 혹 붙이고 오는 격이 되고 만다."

나는 남편에게 10만원 정도의 용돈을 갑자기 쏴주며 고마움을 표시한다.

"자기야, 필요한 데 마음껏 써." 하며 선심을 쓴다.

남편은 공돈이 생기면 정말 행복해한다. ㅎㅎ

23▸ 남편 앞에서 다른 남자를 칭찬하지 말자.

다른 남자와 비교하면 내 남편의 자존감은 내려간다.

나도 철없을 때 다른 남자를 칭찬하며 그런 남자랑 한번 살아보고 싶다고까지 했다. ^^

남편은 큰 상처를 받았고, 낮아진 자존감은 땅을 쳤다.

그 이후로는 절대 다른 남자에 대해 이러쿵저러쿵 얘기하지 않는다.

단지 "나는 근육맨이 멋있더라."라고 한마디 했더니 열심히 운동을 한다. ㅋㅋ

"자기는 뭐든지 열심히 하는구나. 대단해."

남편에게 항상 칭찬의 세리머니를 퍼부어라.

그러면 내 말을 정말 잘 들어준다.

"남편을 행복에 겨워 스스로 움직이게 하라."

이것이 바로 여왕의 지략이다. ㅎㅎ

24▶ 행복의 기준을 너무 높게 설정하지 마라.

나와 네가 가정에서

평안한 일상을 살아가고 있다면

행복한 것이다.

X. 내 남자와 어떻게 소통할까?

"결혼의

열쇠는 소통"

1 대화는 상대를 있는 그대로 받아들이는 것부터 시작해야 한다.

소통이란 서로 의견이나 의사 따위가 잘 통한다는 것을 의미한다.

소통은 결혼생활의 키(key)와 같다.

서로의 마음을 얼마나 잘 읽고 이해할 수 있는가에 따라 결혼생활의 질이 달라진다.

눈빛만 봐도 상대가 무엇을 원하는지 알 정도로 상대의 마음을 읽을 수 있어야 한다.

친밀함에 의한 의사소통 능력을 길러야 한다.

그러기 위해서는 평소 상대에게 관심을 가지고 관찰해 보아야 한다.

그리고 서로의 생각을 나눌 수 있는 시간을 만들어 대화를 해 보자.

소통을 할 때는 상대의 말을 경청하고 난 후 내 의견을 말하는 것이 좋다.

처음에는 어렵고 어색할 수도 있지만 자꾸 하다 보면 습관이 되어 괜찮다.

2 비난이나 원망은 절대로 하지 말아야 한다.

비난이나 원망은 소통의 적이다.

상대의 마음을 꼭꼭 닫아버린다.

한때 "남자는 여자하기 나름!"이라는 말이 유행한 적이 있다. 정말 맞는 말인 것 같다.

나는 항상 남편을 못마땅해하고 원망하는 아내였다. 그러니 우리 부부는 불통의 삶을 살 수밖에 없었다.

그런데 소통을 시작한 후, 우리 부부는 정반대의 삶을 살게 되었다. 제2의 신혼부부가 된 것이다.

소통하는 방법을 좀 더 일찍 알았다면 얼마나 좋았을까?

서로를 미워하며 세월을 낭비한 것 같아 너무 안타깝다.

지금 남편은 나의 부탁을 90% 정도는 들어준다. 하지만 정말 싫은 것은 절대로 하지 않는다.

그래도 그냥 내버려둔다.

로봇이 아니므로 어쩔 수 없는 것도 있기 마련이다.

3 말투를 바꾸자.

기분 나쁜 말은 상대의 입을 다물게 한다.

마음의 문을 닫게 되는 것이다.

기분 좋은 말은 상대의 몸을 스스로 움직이게 한다.

상호존중은 소통의 기본이다.

명령조의 말은 쓰지 말아야 한다.

나는 남편에게 부탁할 때 애교를 부리거나 정중하게 부탁을 한다. 그러면 거의 잘 들어준다.

"자기야, 미안한데 재활용 쓰레기 좀 내다 놓을래요?" 하면, 대부분 "그래, 알았어요. 마마님." 이렇게 반응한다.

너무 피곤할 땐 "내일 아침에 내다 놓을게." 한다.

그러면 "알았어요." 하고 재촉하지 않는다.

무엇이든 여유를 가지고 대해야 서로 편안하다.

내가 먼저 바뀌지 않으면 상대도 달라지지 않는다.

4 상대를 향해 열린 마음으로 다가가야 한다.

부부 사이에는 육체적 스킨십도 중요하지만 마음을 어루만지는 정신적인 스킨십도 중요하다. 이를 위해서는 부부가 함께하는 시간이 절대적으로 필요하다.

갈등이 깊으면 깊을수록 제대로 된 대화를 하기 어렵다.

대화를 시작하기도 전에 서로에게 상처를 주기 때문이다.

5 상처 주는 말은 하지 말자.

칼에 찔린 상처는 시간이 지나면서 점차 회복된다.

그러나 말에 찔린 상처는 평생토록 가슴에 남아 마음을 아프게 한다.

가는 말이 고와야 오는 말이 고운 것이다.

행복한 부부관계를 유지하기 위해서는 부드럽고 예의 바른 언어를 사용해야 한다.

나도 욱하는 성격 때문에 남편에게 상처를 많이 주곤 한다.

지금도 고치기 위해 노력하고 있지만 쉽지 않다.

평생 싸우지 않고 사이좋게 살던 부부가 있었다.

아내의 어머니는 시집가는 딸에게 천과 바늘, 실을 건네며 "남편이 미울 때마다 인형을 만들어라."라고 하셨다.

이후 아내는 남편에게 화가 날 때마다 조용히 방에 가서 인형을 만들었다.

세월이 흘러 죽을 날을 받아놓은 아내는 남편에게 다음과 같은 유언을 했다.

"내가 죽으면 이 상자를 열어 보세요."

아내의 장례를 마친 남편이 상자를 열어 보았더니 1억 원 상당의 통장과 완성된 인형들, 바느질하다 만 인형들, 그리고 한 장의 편지가 들어 있었다.

편지에는 남편 때문에 속이 상하고 힘들 때마다 인형을 만들어서 팔았다는 내용과, 인형을 팔아 번 돈을 통장에 넣어두었으니 이것을 남편에게 주고 싶다고 적혀 있었다.

그리고 남편을 만나서 행복했고
고마웠다고….

시대에 뒤떨어진 얘기 같지만 가정의 행복을 지키기 위해서는 이렇듯 많은 인내와 희생이 필요하다는 것을 기억했으면 한다.

"결혼은 사랑하는 사람과 좀 더 행복하게 살기 위해서 하는 선택이다."

내가 상대를 존중할 때 나도 존중받는 삶을 살 수 있다.
이러한 삶을 살기 위해서는 많은 노력과 연습이 필요하다.
인생에서 저절로 되어지는 일은 없다.
가정의 행복도 서로 노력해야 얻을 수 있고 누릴 수 있다.

나는 남편에게 무언가를 부탁할 때 애교쟁이가 된다.
코맹맹이 소리로 "자기야, 나 배고픈데 어떻게 하지?" 하면, 남편은 "뭐 사줄까?" 하며 피식 웃는다.
좀 낯 간지러울 수도 있지만 이 또한 분위기를 부드럽게 해 보려는 나의 노력 가운데 하나다.
남편이 기분이 안 좋아 보일 땐 밥을 사주거나 금일봉을 준다. ㅎㅎ
십만 원 정도의 용돈을 주면 금방 환하게 웃는다. ㅋㅋ

6 상대방의 약점은 건드리지 말자.

사실 부부가 살면서 한 번도 안 싸운다는 것은 거의 불가능한 일이다.

어쩔 수 없이 싸우게 되더라도 조심할 건 조심하자.

특히 약점은 절대로 건드려서는 안 된다.

전쟁을 하면 이기는 쪽도 지는 쪽도 엄청난 피해를 입는 것처럼 부부싸움을 하면 두 사람 모두 상처를 입게 된다.

그리고 이 상처는 회복 기간이 무척 오래 걸린다.

7 상대방을 기어이 이기려고 하지 말자.

부부로 오랜 세월 살아보니 상대를 이기려고 기를 쓰는 것만큼 어리석은 일은 없다는 것을 깨달았다.

사랑하는 사람을 이겨서 뭐 하겠는가?

더구나 상처 끝에 얻어낸 승리라면 마음의 거리는 멀어지게 되고 소통은 더욱더 어려워진다.

상대를 슬프게 하면 나도 슬프다.

부부는 정서적 공동체이기 때문이다.

서로 한 걸음 뒤로 물러나

양보해야 행복하다.

내 뜻을 꼭 관철시키려고 하는 것은

독선이요, 교만이다.

8 부부소통의 목적은 편안한 관계를 유지하고 깊은 유대감을 통해 행복한 부부로서의 삶을 살아가는 데 있다.

요며칠 남편이 시무룩하고 기운 없어 보인다.

좋아하던 장난도 치지 않고 말도 없다.

해야 할 일도 많은데….

불편한 마음 때문에 일이 손에 잡히지 않는다.

글을 쓰다가 남편에게 "오늘따라 힘이 없네? 맛있는 거나 먹으러 가자. 내가 살게." 하고 이끄니까 따라나선다.

식당에 예약을 한 뒤, 차를 타고 식당으로 갔다.

1인당 18,000원이다.

싸지 않은 금액이지만 남편이 좋아하는 돌솥정식이니 눈 딱 감고 그냥 먹기로 했다.

점심때가 지난 2시 30분이라서 그런지 식당은 한산했다.

점심시간에 맞춰 오면 한참을 기다려야 하는 맛집이다.

우리가 도착하자마자 바로 돌솥밥과 반찬, 된장찌개가 나왔다. 우리는 기념사진을 찍고 맛있게 식사를 했다.

노후의 생활 등 이런저런 얘기를 하며 식사를 하고 나자 남편은 기분이 좋아졌는지 다음에는 자기가 해물요리를 사준단다.

　세무서와 은행에 들러 일을 보고 집으로 돌아왔다.

　남편은 대접을 받아서인지 기분이 좋아진 모양이다.

　"당신은 갈수록 멋있어지네?" 하고 칭찬의 세레나데를 나에게 던진다.

　그 말에 나도 모르게 미소가 지어졌다.

　상대가 행복해야 나도 행복하다는 진리를 깨닫는 순간이다.

　나는 다시 노트북을 펼쳐놓고 글을 쓰기 시작했다.

　아까보다 글이 더 잘 써졌다.

맺는 말

"인내는 쓰다.
그러나
그 열매는 달단다."

-사랑하는 아빠의 말씀-

연애와 결혼, 자녀양육으로 지속되는 부부관계는 시간이 흐르면 흐를수록 다양한 문제에 부딪히게 된다.

이러한 문제를 해결하며 가정을 지켜나가기 위해서는 무엇보다 부부관계가 중요하다.

평소에 부부 사이가 사랑과 소통, 배려와 신뢰로 굳건하게 맺어진 관계라면 그 어떤 역경이 닥쳐온다 해도 슬기롭게 이겨나갈 수 있다.

가정은 우리 가족이 살아가야 하는 평생의 보금자리이다.

자연의 모든 생물은 가정을 지키기 위해 저마다 애를 쓴다.

새들은 수백 수천 번 입으로 잔가지를 날라 둥지를 만들고 알을 낳아 부화시킨다. 새끼가 태어나면 온 산천을 돌아다니면서 먹이를 물어다 주며 양육한다.

인생에서 노력 없이 되는 일은 하나도 없다는 것을 나이가 들수록 실감한다.

노력 없이 그냥 잘 되기 바란다면 결국 아무것도 이룰 수 없는 인생을 살게 될 것이다.

행복한 삶은 꿈도 꾸지 말아야 한다.

행복한 가정도 부부를 비롯한 가정구성원들의 부단한 노력과 인내, 헌신과 사랑 등으로 유지될 수 있다는 사실을 잊지 말자.

행복한 가정이 되기 위해서는 누구보다 여왕인 아내의 역할이 가장 중요하다.

지혜롭고 현명한 아내가 될 것인가, 무지하고 답답한 아내가 될 것인가?

부부간의 소통의 기술, 사랑의 기술을 익힌다면 가정이 꽃처럼 피어나는 것을 경험할 수 있을 것이다.

젊은 30, 40대를 한숨과 고통으로, 20여 년의 세월을 허무하게 흘려보내고 50에 시작된 소통으로 이젠 안정을 찾은 나의 가정을 보며 무지와 독선 속에 절망하며 산 세월이 너무도 안타깝다는 마음뿐이다.

어릴 적에 아버지가 자주 해 주신 말씀이 떠오른다.
"정하야, 인내는 쓰다. 그러나 그 열매는 달단다."
라는 명언….
아버지의 말씀대로 나는 기나긴 인내의 세월을 살았다.

마지막으로 내 삶의 이야기를 담은 짧은 수필 한 편을 소개함으로써 이 책을 마무리지으려 한다.

비닐우산

김사라

원구원 하굣길에 갑작스럽게 눈비가 온다.

우산도 없는데….

전철역에서 종종걸음으로 계단을 올라갔다.

내려오는 걸음들은 손에 손에 모두 우산을 들고 있다.

우산에는 빗방울이 송골송골 맺혀 있다.

오르던 계단을 미련없이 뒤로하고 다시 내려와서 역내 편의
점을 찾아 걸어갔다.

한참을 걸어가니 편의점이 보였다.

평소엔 아무 생각 없이 지나치던 편의점이 오늘은 왜 그리
반가운지….

마침 편의점 앞에 비닐우산이 진열되어 있었다.

제일 저렴하게 보이는 투명 비닐우산을 집어들고는,

"이거 얼마예요?" 하고 점원에게 물으니 5,500원이란다.

우리집 신발장 옆 우산꽂이에 잔뜩 꽂혀 있는 우산을 생각
하니 5,500원도 비싸다는 생각이 들었다.

"더 싼 건 없어요?" 하고 물으니,

"그게 제일 싼 거예요." 한다.

내가 원하는 대답은 아니었지만 어쩔 수 없이 돈을 주고 우산을 샀다.

"얼마 전에는 3, 4천 원짜리도 있었는데."

못내 아쉬운 마음에 중얼거리고는 다시 계단을 올랐다.

겨울비가 눈에 섞여 추적추적 내리고 있었다.

새로 산 우산을 보란듯이 펴들고 빗속을 뚫고 걷는다.

가로등에 비친 빗방울들이 철없이 송골송골 맺혀 굴러떨어지는 것을 보며 남편이 생각났다.

작은 교회 목사님으로 기 한번 제대로 펴보지 못하고 사는 내 남편…. 마치 이 비닐우산처럼.

잘나가지도 못하고 항상 힘들게 살아온 당신….

당신을 처음 만난 날도 시골길엔 추적추적 비가 내렸었지….

우린 우산도 없이 부슬비를 맞으며 걸어야 했어.

그때 당신의 뒷모습이 얼마나 외로워 보였는지.

"내가 결혼하자고 하면 뭐라고 할 거예요?" 하고 물었지.

난 그냥 의아한 표정으로 당신을 바라봤지….

결혼 후엔 당신이

날 지켜주고 보호해 주었는데.

지금은 이 비닐우산이

날 지켜주고 있네.

화려하고 멋진 삶은 아니었지만 작은 사랑들로 나를 행복하게 해 주려 애쓰던 당신 모습이 꼭 힘겹게 비바람을 막아 나를 지켜주는 비닐우산 같다는 생각이 드네.

누가 뭐라든,
이 비닐우산 덕분에 비바람을 피하고 안전하게 집까지 왔듯이 비록 내가 원하는 만큼 누리지도 못했고 남들에게 자랑할 만큼 갖지도 못했지만 당신은 최선을 다해서 나를 사랑해 주었지.

오늘따라 비닐우산이 정말 고맙다는 생각이 들어.

지금, 왜 당신 생각이 날까?

집으로 오는 내내 눈에서 구슬 같은 눈물이 뚝뚝 떨어졌다.

항상 원망하고 불평만 했던 나는,
철없는 아내입니다.

나를 평생 일편단심으로 지켜주고,
변함없이 사랑해 준 당신.
당신의 헌신적인 사랑,
항상 기억할게요.

언제나 사랑합니다. ♥

참고 문헌

『성경전서』 HOLY BIBLE(아가페/성령님 지음) "모든 성경은 하나님의 감동으로 된 것으로 교훈과 책망과 바르게 함과 의로 교육하기에 유익하니"(디모데후서 3장 16절)

『감정폭력』 세상에서 가장 과소평가되는 폭력 이야기(Emotionalc Gewalt)
(걷는 나무/베르네 바르텐스 지음, 손희주 옮김)

『마음에게 말걸기』(Learning from the heart) 절망의 순간 자유를 얻은 심리학자
(문학동네/대니얼 고틀립 지음, 노지양 옮김)

『상담심리학』(양성원/정서영 외 공저)

『인지치료』(해븐/정서영 편저)

『새로운 건강가정론』(학지사/이선형, 임춘희, 강성옥 공저)

『가족치료와 내면아이의 치유』 상처입은 가족을 치유하고 행복으로 이끄는 심리 테라피
(북랩/박종화 저)

『나로서 충분히 괜찮은 사람』(북로망스/김재식 에세이)

『사람이 모이는 리더는 말하는 법이 다르다』(리더북스/이재준 지음)

『자기주도 교육으로 체인지하라』 지성, 인성, 영성을 키우는 체인지 인문교육
(바이북스/심현진 지음)

『페이버』 하나님의 특별한 선물, 참희생은 승리의 지름길이다(청림출판/하형록 지음)

『적을 내 편으로 만들어라』 묵자에게 배우는 처세의 기술(이젤/노학자 지음, 고예지 옮김)

『손자병법』 손자병법에서 길어낸 인생의 지혜(새벽이슬/최태웅 옮김)

『CEO의 습관』 성공하는 CEO를 만든 아주 작지만 특별한 49가지 습관
(페이버로드/김성회 지음)

『당신 안에 잠재된 리더십을 키우라』(도서출판 두란노/존 맥스웰 저, 강준민 옮김)

『초격차 인性 지性 영性』(지식과 감정/비니하니 지음)

『여덟단어』 인생을 대하는 우리의 자세, 인문학적인 삶의 태도(북하우스/박웅현 지음)

『돌파해서 살아남아라』 일과 가정을 동시에 변화시키는 코칭, 변화를 통제하려고 하지 말고 변화에서 배워라(클라우드나인/마크사나 지음, 김주민 옮김)

『생각을 성과로 바꿔라 프로젝트 능력』 목표와 일정을 세우고 실행하는 훈련이야말로 우리나라의 글로벌 경쟁력을 크게 향상시키는 지름길임을 확신한다(이어령)(북마크/정영교 지음)

『이지성의 꿈꾸는 다락방』 꿈을 현실로 만드는 공식 R=VD, 생생하게 꿈꾸면 현실이 된다
(차이정원/이지성 지음)

『리딩으로 리드하라』 세상에 태어나 학문을 하지않으면 될수 없다-이이-(문학동네/이지성 지음)

참고 문헌

『어쩌다 도구』 더 이상 툴툴대지 말고 도구와 함께 성장의 환경을 만들어라
(태인문화사/이재덕 지음)
『청소력』 행복한 자장을 만드는 힘, 작심삼일부터 시작하라, 작심삼일도 일곱 번이면
인생이 바뀐다.(나무한그루/마쓰다 미쓰히로)
『성공하는 사람들의 일곱 가지 습관』(김영사/스티븐코비 지음, 김경섭 옮김)
『웰씽킹』 부를 창조하는 생각의 뿌리(다산북스/켈리최 지음)
『하버드 회복탄력성 수업』 EVERT DAY RESILIENCE 우울, 불안, 번아웃, 스트레스에 무너지지
않는 멘탈 관리 프로젝트, 18가지 회복탄력성 훈련(유노라이프/게일 가젤 지음, 손현선 옮김)
『무기가 되는 책쓰기』 수천명의 수강생이 검증한 책쓰기 전략서, 수많은 베스트셀러 저자를
배출한 출판사 대표가 알려주는 책쓰기의 모든 것(라온북/조영석코치 지음)
36년 글쓰기를 통해 숱한 이야기 밥상을 차려낸 『스토리 셰프』 봉작가의 『맛있는 글쓰기 레시피』
글쓰기는 Slow food를 즐기는 것과 같다(벗나래/봉은희 지음)
남편을 내 편으로 만드는 부부갈등 조정술 『품격있는 아내들의 남편 다루는 법』
(Booksgo/김민수 지음)
위대한 독서광들의 성공스토리 『독서 불패』(자유로/김정진 씀)
『불편한 편의점』(나무옆 의자/김호연 지음)
『작별인사』(복복서가/김영하 지음)
『나는 당신이 행복했으면 좋겠습니다』(하이스트/박찬위 지음)
『삶이 던지는 질문은 언제나 같다』 시대의 지성 찰스 핸디가 전하는 삶의 철학(INFLUENTIAL
인플루엔셜/찰스 핸디 지음, 강주헌 옮김)
상처받지 않고 상처주지 않는 관계의 기술 『사랑은 그렇게 하는 것이 아니다』(빅피시/김달)
『나르시스트 관계수업』(유노라이프/브렌다 스티븐스 지음, 이예리 옮김)
『축사사역과 내적치유의 이해 가이드』(순전한 나드/존&마크 샌드포드 John & Mark Sandford)
오래오래 행복하게 집안일은 공평하게 『설거지 누가 할래?』
(웅진 지식하우스/야마우치 마리코 지음, 황혜숙 옮김)
『결혼은 신중하게 이혼은 신속하게』(21세기북스/이지훈 지음)
『부부가 함께 읽는 명언 101』 아내가 남편에게 남편이 아내에게(팬덤북스/김옥림 지음)
『남편이 아내에게 지켜야 할 11가지 에티켓』(지식여행출판/블랑쉬 에버트 지음, 신주애 옮김)
『아내가 남편에게 지켜야 할 11가지 에티켓』(지식여행출판/블랑쉬 에버트 지음, 신주애 옮김)